DAS 3 ZUTATEN BACKBUCH

CHARMIAN CHRISTIE

DAS 3 ZUTATEN BACKBUCH

101 verblüffend einfache Rezepte

Die Originalausgabe ist 2019 unter dem Titel »The 3-Ingredient Baking Book: 101 simple, sweet & stress-free recipes« bei Robert Rose Inc. erschienen.

First published in Canada by Robert Rose Inc.
120 Eglinton Avenue East, Suite 800, Toronto, Ontario, Canada M4P 1E2
www.robertrose.ca

Bildnachweis: Alle Fotos Lauren Miller

Projektleitung: Verena Kordick, Melanie Loser
Übersetzung aus dem Englischen: Susanne Vogel für Werkstatt München
Lektorat und Redaktion: Karen Dengler, Werkstatt München
Satz: Anja Dengler, Werkstatt München
Herstellung: Susanne Fuhrmann
Reproduktion: Longo AG, Bozen
Druck: aprinta druck GmbH, Wemding
Bindung: Conzella, Pfarrkirchen

2. Auflage 2020
ISBN 978-3-8338-7553-3

Über die Autorin
Charmian Christie rief *The Messy Baker* (www.themessybaker.com) ins Leben. In diesem Blog stehen unkomplizierte und inspirierende Rezepte im Mittelpunkt, die auch Laien verstehen und ohne große Vorkenntnisse nachvollziehen können. Sie gibt Kochkurse und ist Autorin von mehreren Koch- und Backbüchern. Charmian lebt in Ontario, Kanada, wo sie sich ihr Domizil mit ihrem Ehemann, zwei Katzen und so vielen Kochbüchern teilt, dass sich unter deren Gewicht die Bodendielen biegen.

GRÄFE UND UNZER

Ein Unternehmen der
GANSKE VERLAGSGRUPPE

www.facebook.com/gu.verlag

Für meine Schwestern
Robin und Allison.

Danke für eure geduldige
und immense Probier-
bereitschaft, das ehrliche
Feedback, eure Ermutigung und
Unterstützung und vor allem
die Hilfe beim Bewältigen von
Bergen von Geschirr.

Damit habt ihr euch
doppelte Portionen von
allem auf Lebenszeit verdient.

INHALT

Einführung *9*

Unverzichtbares Zubehör *11*

Unverzichtbare Zutaten *14*

3-Zutaten-Grundzubereitungen *19*

Wo liegt der Fehler? *23*

Kekse & Cookies *27*

Knabbereien *51*

Kuchen, Muffins & mehr *67*

Feingebäck, Pies & Tarts *91*

Schokolade *111*

Fruchtiges *131*

Cremiges *151*

Naschwerk *167*

Eis(kaltes) *183*

Saucen & Toppings *203*

Dank *214*

Register *217*

Drei Zutaten?

Tatsächlich?

Ja, tatsächlich.

EINFÜHRUNG

Wer mich kennt, weiß, dass ich gern am großen Rad drehe. Ich kann alles aufbauschen. Wirklich *alles*. Man lasse mich ein paar Erdbeeren putzen und schneiden, und auf halber Strecke fange ich an, eine Rum-Erdbeeren-Balsamico-Pistazien-Konfitüre zu fabrizieren. Gefragt, was man mit Schokolade anstellen könnte, würde ich eine Mokka-Haselnuss-Baiser-Orangen-Schichttorte vorschlagen. Eiscreme? Nun, was beginnt mit whiskyangehauchtem braunem Zucker und endet mit buttergebräunten Pekannuss-Stückchen? Wie gut, dass es so viele Bindestriche auf der Welt gibt!

Was nun treibt eine zum Überschwang neigende Person wie mich, die nur allzu gern verschiedenste Aromen in ihren Zubereitungen zusammenbringt, dazu, ein 3-Zutaten-Backbuch zu schreiben? Schon wieder zwei Bindestriche. Allein so gesehen bewege ich mich also auf mir vertrautem Terrain. Außerdem gab es viele Anfragen von Freunden und der Familie sowie von Teilnehmern meiner Kurse. Sie alle wünschten sich einfache Rezepte, deren Zutatenliste nicht noch länger als ihre Kreditkartenabrechnung ist. Unkomplizierte Anleitungen, für die man nicht im Vorfeld drei Delikatessenläden abklappern muss und die dennoch ein köstliches Ergebnis liefern.

Ehrlich gesagt, ich nahm mir dieses Buch vor, weil ich endlich meine Ruhe haben wollte. Dann aber dämmerte mir im Verlauf der Arbeit, dass weniger durchaus mehr sein kann. Ein schlichter Peanut Butter Cookie bedeutet Genuss pur, und ein Mango-Sorbet spricht ohne großes Beiwerk für sich. Bald kam ich richtig in Fahrt, ließ den Backofen hinter mir und schwelgte plötzlich in süßen Zubereitungen wie Eiscremes, Mousses, Konfekt mit Schokolade, Dessertsaucen.

Falls Backen für Sie ganz neu ist, dann trauen Sie sich einfach heran. Es erwarten Sie hier keine allzu großen Schwierigkeiten und auch keine Riesenausgaben für Spezialzubehör. Sollten Sie hingegen bereits ein Routinier sein, finden Sie hoffentlich Anregungen, um altbekannte Favoriten entspannt neu zu interpretieren.

Ganz gleich, wie es um Ihren Erfahrungsschatz bestellt ist, möchte ich Sie ermuntern: Ziehen Sie eine Schürze an, stellen Sie einige Schüsseln bereit und zaubern Sie drauflos!

— CHARMIAN

1 ml 1pinch
5 ml

UNVERZICHTBARES ZUBEHÖR

Edle Kupferschüsseln, Messlöffel in putziger Katzenform, skurrile Eiertrenner ... als Hobbybäcker und -koch könnte man kaufen und kaufen. Doch ich rate Ihnen: Gehen Sie vernünftig mit Ihrem Geld um – und mit dem Platz in Ihrer Küche. Die folgenden Utensilien brauchen Sie wirklich für die Rezepte in diesem Buch.

BACKBLECHE UND -FORMEN

Wollen und *Brauchen* sind zwei Paar Schuhe. Ich *will* diese Kuchenform, die aussieht wie eine Ritterburg mit vier Türmen. Was ich aber tatsächlich *brauche*, ist eine stinknormale Muffinform. Die Geschäfte sind voller ansprechend gestalteter Produkte, doch oftmals sind diese ihren meist stattlichen Preis absolut nicht wert. Für die Rezepte in diesem Buch benötigen Sie Standardmodelle, wie man sie in der Backabteilung jedes etwas größeren Supermarkts oder Kaufhauses (oder auch online) findet. Kaufen Sie immer nur, was Ihnen tatsächlich fehlt. Für das gesamte Buch kommen Sie mit den Blechen und Formen aus, auf die ich nachfolgend eingehe.

Auflaufform aus Glas/Keramik/Emaille, quadratisch (20 × 20 cm): Solche Formen nehme ich für Cobblers, da diese Obstaufläufe ja immer Fruchtsäure enthalten, sowie für Rezepte, in denen konzentriert säurehaltige Zutaten wie Zitronensaft vorkommen. Denn Säuren reagieren mit Metallen wie Aluminum oder Gusseisen, was in den Speisen einen metallischen Geschmack erzeugt und außerdem die Formen fleckig werden lässt.

Auflaufform aus Glas/Keramik/Emaille, rechteckig (33 × 23 cm): In diesem Multitalent können Sie eine große Fuhre Riegel usw. zubereiten, aber ebenso das Pfirsich-Fruchteis (s. S. 188) gefrieren lassen. Außerdem entspricht die Form der Größe von zwei quadratischen Auflaufformen je 20 × 20 cm, sodass Sie damit die doppelte Menge von Schwarzwälder-Kirsch-Fudge (s. S. 170) oder eine extragroße Portion von Schoko-Mandel-Knusperriegeln (s. S. 56) zubereiten könnten, ohne sich um zu wenig Platz sorgen zu müssen. (Tatsächlich sind zu kleine Bleche oder Formen ein wichtiges Thema, s. S. 23.)

Backbleche (2 Stück): Bleche variieren in ihrer Größe beträchtlich. Falls Sie bereits welche besitzen, verwenden Sie diese. Andernfalls besorgen Sie sich die größten, die in Ihren Backofen passen. Denken Sie bei einem Neukauf daran, dass das Backgut auf dunklem Material unter Umständen sehr schnell bräunt und dass dünne Bleche sich gern verbiegen, wodurch keine gleichmäßige Hitzeverteilung gewährleistet ist. Halten Sie daher Ausschau nach schweren Blechen von heller Farbe. Falls die bereits vorhandenen Bleche sich als zu dünn erweisen, sodass Ihre Cookies verbrennen, dann legen Sie zwei Bleche aufeinander. Von beschichteten Blechen rate ich ab, da sie schnell beschädigt werden. Sie sind nicht notwendig, sofern Sie Backpapier oder eine Silikon-Backmatte zur Hand haben.

Ich kaufe immer Bleche beziehungsweise rechteckige Backformen mit hohem Rand, da sie vielseitiger nutzbar sind, nämlich zum Backen von Keksen und Cookies ebenso wie für Zubereitungen, die leicht überlaufen könnten wie etwa Sponge Toffee (s. S. 174), Bruchschokolade (s. S. 115) oder Balsamico-Erdbeeren aus dem Ofen (s. S. 136). Ist für ein Rezept ein Blech mit hohem Rand erforderlich, ist dieses unter dem erforderlichen Zubehör aufgeführt.

Kastenform (23 × 13 cm): Eine kleine Kastenform erweist sich als äußerst nützlich zum Tiefkühlen von Süßspeisen wie Erdbeereis (s. S. 191) oder Mango-Sorbet (s. S. 192).

Kuchenform, rund (Ø 20 cm): Für Cheesecakes, Schokoladenkuchen & Co. ist eine runde Form ein Muss. Wenn sie aus einem schweren, hellen Material besteht, sind Sie für den nächsten Geburtstag gewappnet. (Meiner ist übrigens im Juni, falls es Sie interessiert.)

Metallbackform, quadratisch (20 × 20 cm): Für fast alles, das kein fruchtsäurebeständiges Material erfordert, verwende ich Metallformen. Sie sind leichter als zum Beispiel Glas, können nicht zerbrechen und lassen sich einfacher stapeln. Keine Bange, falls Sie sich bezüglich der richtigen Wahl unsicher sind. Sofern diese in einem Rezept entscheidend ist, gebe ich dazu einen Hinweis.

Mini-Muffinform (24 Mulden): Sie ist äußerst praktisch für backfreie kleine Leckerbissen mit Schokolade – ich denke hier etwa an Schokoladige Peanut

Butter Cups (s. S. 112) und Himbeeren mit Schokofüllung (s. S. 120). Da ich die Form kaum je zum Backen verwende, habe ich mich für ein schweres Modell mit Antihaft-Beschichtung entschieden, dank derer sich alles, was über den Rand der Förmchen läuft, mühelos abwaschen lässt. Falls Sie die Form jedoch tatsächlich zum Backen verwenden möchten, wählen Sie eine aus schwerem, hellem Material ohne Beschichtung und stocken Sie Ihren Vorrat an Papierbackförmchen zum Auskleiden auf.

Muffinform (12 Mulden): Neben Himbeer-Eiscreme-Muffins (s. S. 85), Mandarinen-Muffins (s. S. 86) sowie endlosen weiteren Varianten können Sie darin auch Tartelettes, Mini-Cheesecakes und andere Kleinigkeiten mehr backen. Kaufen Sie eine Form aus einem hellen, aber schweren Material, denn darin gart Ihr Backgut schön gleichmäßig. Eventuell besorgen Sie sich gleich zwei Stück davon, und so wären bei Bedarf auch locker mehr als zwölf leckere Kleinigkeiten drin.

AUSSERDEM

Backpapier: Es ist nicht mit Wachspapier für den Haushalt zu verwechseln, dessen Beschichtung bereits bei geringer Hitze schmelzen kann. Im Vergleich dazu verträgt Backpapier, das dünn mit Silikon beschichtet ist, Temperaturen in der Regel bis zu 230°. Es verhindert, dass Speisen an Blechen und Formen ansetzen, was auch das anschließende Abspülen vereinfacht, und es lässt sich verwenden, um etwa Gebäck zur Aufbewahrung in einer Dose mit Lagen aus Backpapier zu trennen. Für mich muss es immer im Haus sein, zumal ich es beim Backen auf Blechen vielseitiger finde als eine wiederverwendbare Silikon-Backmatte, deren Größe oft nicht wirklich passt.

Beim Auskleiden eckiger oder runder Formen erweist sich Backpapier als etwas widerspenstig, doch glücklicherweise kann man es gefügig machen. Dafür das zugeschnittene Stück unter fließendes kaltes Wasser halten, bis es weich ist wie ein nasser Lappen, dann zusammenknüllen und wieder auseinanderfalten. Überschüssiges Wasser abschütteln, das Backpapier in die Form drücken und mit einem sauberen Geschirrtuch trocken tupfen. Die Auskleidung sieht zwar ein bisschen knitterig aus, doch sie wird nicht verrutschen. Lassen Sie am besten einige Zentimeter Papier über den Rand der Form hängen, denn damit lässt sich später deren Inhalt mühelos herausheben.

Kuchengitter (2 Stück): Man nutzt sie nicht nur, um Gebackenes auskühlen zu lassen, sondern auch, wenn es gilt, etwa Mini-Brezeln mit flüssiger Schokolade zu beträufeln (s. S. 173). Um aufzufangen, was dabei heruntertropft, breiten Sie Küchen- oder Backpapier unter das Gitter. Kaufen Sie am besten zwei dieser praktischen Utensilien, die sich gut stapeln lassen.

Küchenwaage: Ich kann Ihnen aus eigener Erfahrung versichern, dass eine Waage das Abmessen von Zutaten erheblich beschleunigt, den Spülaufwand verringert und die Genauigkeit verbessert (denn in allen Rezepten dieses Buches liefere ich exakte Gewichtsangaben). Digitale Modelle sind besonders praktisch und präzise und kosten nicht die Welt. Man findet Sie in Kaufhäusern und sogar in größeren Supermärkten.

Messbecher (flüssige Zutaten): Versehen mit einem Ausgießer und einem Griff, sind diese Messbecher dafür konzipiert, alles Flüssige abzumessen, angefangen bei Wasser über Saft bis hin zu Milch und Wein (zum Kochen, nicht für den Koch bzw. die Köchin). Da ich oft mit heißen Flüssigkeiten hantiere, sind mir Messbecher aus Glas lieber als solche aus Plastik. Ich persönlich verwende sehr oft mein 60-ml-Maß, vor allem für Zitronensaft. Allerdings kommen die meisten auch mit einem 250-ml- und einem 500-ml-Maß bestens zurecht.

Messbecher (trockene Zutaten): Man verwendet ihn zum Abmessen von Zutaten wie Mehl, Zucker, Haferflocken, Reis oder Rosinen. Optimal ist ein Messbecher, mit dem man auch kleine Mengen abmessen kann. Genauer geht es aber mit einer Küchenwaage.

Messlöffel: Ein Satz Messlöffel ist unverzichtbar, ein zweiter sorgt für willkommene Entspannung bei der Backschlacht. Nachdem ich im Eifer des Gefechts mehr als einmal das feuchte Teelöffelmaß ins Backnatron getaucht habe, verfüge ich inzwischen über getrennte Sets: eines für flüssige Zutaten wie Vanilleextrakt oder Honig und ein zweites für trockene Ingredienzen. Wichtig sind mir bei meinen Messlöffeln lange Stiele und ein schlanker eigentlicher Löffel. Damit gelange ich mühelos in schmale Gewürzgläser und auch bis hinunter zum Boden. Im Idealfall bietet Ihr Set möglichst viele Größen von ⅛ TL bis zu 1 EL. Bei den Löffelmaßen in diesem Buch entspricht 1 EL genau 15 ml und 1 TL 5 ml.

Muffinförmchen: Eine gängige 12er-Muffinform verlangt nach großen Förmchen zum Auskleiden der Mulden. Dabei haben Sie die Wahl zwischen verschiedenen Ausführungen. Förmchen aus fettdichtem, backfestem Papier kleben nicht am Backgut, haben aber ihren Preis. Noch mehr hinblättern müssen Sie für Alternativen aus Aluminium mit dekorativem Außendekor und glänzend foliertem Innerem. Sie sind perfekt für besondere Anlässe, aber eben auch teuer. Eine kostengünstige Alternative bilden Papierförmchen, die allerdings beim Abziehen von den Muffins öfters eine Zerreißprobe darstellen. Um dies zu vermeiden, setzt man die Förmchen in die Form und besprüht sie kurz mit Backspray oder streicht sie dünn mit einem geschmacksneutralen Speiseöl aus. Problem gelöst!

Für Mini-Muffinformen verwenden Sie Mini-Förmchen oder Pralinenkapseln. Auch die gibt es, genau wie ihre größeren Pendants, aus fettdichtem, backfestem Papier, Aluminium oder Papier.

Rührschüsseln (Glas oder Edelstahl): Schüsseln aus Glas oder Edelstahl sind optimal, da sie sich zum Aufschlagen von Sahne gut vorkühlen lassen und außerdem nicht mit säurehaltigen Zutaten reagieren, wie etwa im Fall der Limettentörtchen mit Ingwerboden (s. S. 161). Demgegenüber sind Plastikschüsseln leicht und kinderfreundlich, doch haben sie auch ihre Nachteile: Sie können Fremdgerüche annehmen, machen beim Schlagen von Eischnee eventuell Probleme (s. S. 23) und sind unter Umständen nicht für die Mikrowelle geeignet. Empfehlenswert ist ein dreiteiliges stapelbares Set (klein, mittel, groß), wobei es für manche Rezepte nicht schaden könnte, eine zweite mittelgroße und große Schüssel im Schrank zu haben.

Schneebesen: Dieses Küchenwerkzeug ist überraschend vielseitig. Sofern Sie nicht Eier oder Sahne von Hand aufschlagen wollen, muss es kein gigantischer Ballonbesen sein. Stattdessen schaffen Sie sich eine mittelgroße Ausführung von 25–30 cm Länge an. Damit lassen sich gut trockene Zutaten mischen und genauso Flüssigkeiten im Topf auf dem Herd verrühren. Ein kleiner Schneebesen (etwa von der Länge eines Teelöffels) ist kein Muss, aber ungemein praktisch, wenn Sie oft Mug Cakes, also Tassenkuchen zubereiten.

Stieleisförmchen: Sehr häufig fassen diese Formen 75 ml oder 125 ml. Ihre Größe beeinflusst nicht die Qualität der fertigen Zubereitung, doch hängt von ihr natürlich ab, wie viele Eisportionen Sie am Ende erhalten. Daher finden Sie bei den Eis-am-Stiel-Rezepten in diesem Buch ungefähre Angaben wie »für 4–6 Stieleisförmchen«. (Zudem verlängert ein größeres Volumen unter Umständen die erforderliche Gefrierzeit.) In puncto Design haben Sie eine große Auswahl, die von skurrilen Raketen- bis zu Sternformen reicht. In jedem Fall gut bedient sind Sie mit der klassischen Popsicle-Form. Und notfalls können Sie auf kleine Pappbecher ausweichen, in die Sie, wenn die Eismasse halb gefroren ist, dann einfach Holzstiele stecken.

In jedem Fall sollten Sie zum Befüllen der Formen entweder die Eismasse zunächst in einen Messbecher mit Ausgießer geben oder aber einen Saucengießlöffel verwenden. So kleckern Sie erheblich weniger.

Teigroller: Damit wird längst nicht nur Teig ausgerollt. Ich nutze meinen Teigroller, um Nusskrokant (s. S. 179) in Stücke zu brechen, Kekse zu zerbröseln und Leute zu verscheuchen, die Cookies stibitzen wollen. Ein Teigroller kann ganz nach Belieben aus Holz oder Silikon gefertigt und von der Form her zylindrisch oder zu den Enden hin schmaler zulaufend sein. Notfalls ließe er sich auch durch eine saubere leere Weinflasche ersetzen.

Teigschaber (1 großer und 1 kleiner): Sie gehören gleich nach der Zestenreibe zu meinen am häufigsten verwendeten Küchenhelfern. Falls Sie sich neue Teigschaber anschaffen, sollten diese aus hitzefestem Silikon bestehen. Mit einem Set, das verschiedene Größen umfasst, sind Sie übrigens am besten gerüstet. Sollten Sie sich auf zwei beschränken wollen, dann kaufen Sie einen ganz kleinen, mit dem Sie beispielsweise Kondensmilchdosen sauber leeren können, und einen großen zum Ausleeren großer Schüsseln. Falls Sie sich hier für einen Teigschaber mit Löffelfunktion (ein sogenannter Spoonula) entscheiden, haben Sie ganz nebenbei auch noch einen Rührlöffel zur Hand.

Zesten-/Zitronenreibe (z.B. von Microplane): Zu diesem (sehr scharfen) Küchenutensil greife ich ganz häufig. Wenn ich Zitrusabrieb benötige, ist es mir genauso zu Diensten wie beim Reiben verschiedenster anderer Zutaten. Dazu zählen zum Beispiel Schokolade, Muskatnuss, Zimtstangen, frischer Ingwer, Knoblauch (tschüss, Knoblauchpresse!) und Parmesan.

UNVERZICHTBARE ZUTATEN

MILCHPRODUKTE

Butter: Für die Rezepte in diesem Buch verwende ich immer gesalzene Butter. Man findet sie mittlerweile in jedem gut sortierten Supermarkt. Und sollten Sie gesalzene Butter als Sonderangebot entdecken, dann schlagen Sie zu. Zu Hause gleich im Einwickelpapier mit Frischhaltefolie umhüllt und dann in einen Gefrierbeutel mit Zipverschluss gepackt, halten sich Ihre Buttervorräte im Tiefkühler bis zu 6 Monate.

Gefrorene Butter lässt man vor der Verwendung im Kühlschrank über Nacht auftauen. Zum Backen muss sie meist raumtemperiert sein. Wie Sie Butter schnell auf Raumtemperatur bringen, ohne sie zu schmelzen, ist auf S. 24 beschrieben.

Dulce de Leche: Die karamellisierte gesüßte Kondensmilch ist vergleichbar mit einer dicken Karamellsauce. Sie lässt sie sich wunderbar zum Süßen der Karamell-Apfel-Tartes (s. S. 107) verwenden, über Vanilleeis (s. S. 184) träufeln oder liefert die Grundlage für die klassische portugiesische Milchkaramellcreme namens Baba de Camelo (s. S. 152). Man findet Dulce de Leche manchmal in gut sortierten Supermärkten, bei Anbietern lateinamerikanischer Spezialitäten und natürlich in Onlineshops.

Gezuckerte Kondensmilch: Diese honigdicke, leckere Kombination aus Milch und Zucker kommt häufig in backfreien Desserts sowie Eiscremes als Süßungs- und Bindemittel zum Einsatz. Sie ist so stark eingekocht, dass sie kaum noch Wasser enthält, und ist nicht zu vergleichen mit der gängigen Kondensmilch (Dosenmilch), die nicht gezuckert und ziemlich flüssig ist. Die Rezepte in diesem Buch verlangen gezuckerte Kondensmilch mit einem Fettgehalt von mind. 8 %.

Sahne (35 % Fettgehalt): Sahne mit diesem Fettgehalt finden Sie häufig unter der (nicht geschützten) Bezeichnung Konditorsahne oder auch als Sahne extra. Oft wird sie in Ganaches verarbeitet, eignet sich aber auch besonders gut als Schlagsahne, weil sie aufgrund ihres hohen Fettgehalts schön fest wird. Damit das Aufschlagen perfekt gelingt, sollten Sie die Sahne bis zum letzten Moment gut gekühlt im Kühlschrank aufbewahren.

ZUCKER

Brauner Zucker (Rohrzucker): Er zeichnet sich durch eine Karamellnote aus, deren Intensität davon abhängt, wie hoch der jeweilige Melasseanteil ist. Sofern ein Rezept nicht ausdrücklich einen bestimmten braunen Zucker verlangt, gilt für mich persönlich: je dunkler, desto besser. Mein Favorit ist Demerara-Zucker, doch eignet sich für die hier versammelten Rezepte jede Art von braunem Rohrzucker. Ein wichtiger Hinweis: Im Gegensatz zum normalen weißen Haushaltszucker härtet brauner Zucker bei der Lagerung schnell aus.

Bewahren Sie ihn daher in einem luftdicht verschlossenen Plastikbeutel auf, aus dem Sie die gesamte Luft herausgedrückt haben. Hart gewordener Zucker wird wieder weich, wenn Sie ihn in einer mikrowellengeeigneten Schüssel in der Mikrowelle auf hoher Stufe in 30-Sekunden-Intervallen erhitzen und dabei zwischendrin durchmischen.

Puderzucker: Dieses Süßungsmittel basiert auf staubfein gemahlenem raffiniertem weißem Zucker, dem, damit er unter dem Einfluss von Luftfeuchtigkeit nicht klumpt, in geringer Menge Speisestärke zugesetzt wurde. Puderzucker löst sich besonders schnell auf. Falls er doch einmal Klümpchen enthält, sieben Sie ihn durch ein feinmaschiges Sieb und messen anschließend die erforderliche Menge ab. Puderzucker ist eine unverzichtbare Zutat für viele Rezepte, in diesem Buch etwa für die Crème Chantilly (s. S. 206), die Chocolate-Chip-Kühlschranktorte (s. S. 76) und den Schokokuchen aus der Tasse (s. S. 80).

Zucker: Gemeint ist hier der raffinierte weiße Zucker, der, passend zu seiner häufigen Verwendung, umgangssprachlich auch als Haushaltszucker bezeichnet wird. Er lässt sich in einem luftdicht verschlossenen Behälter an einem kühlen, trockenen Platz schier endlos aufbewahren.

WEITERE ZUTATEN

Blätterteig: Eine Menge Arbeit erspart Ihnen Blätterteig als Fertigprodukt. Allerdings möchte ich Sie warnen vor Produkten, in denen etwa Palmfett oder Margarine enthalten sind. Sofern ein Hersteller echte

Butter verarbeitet, verdient er Ihr Vertrauen. Blätterteig aus dem Kühlregal des Supermarkts ist am einfachsten zu verarbeiten.

TK-Blätterteig richtig zu handhaben erfordert ein gewisses Know-how. Am besten lässt man ihn vor der Verwendung über Nacht im Kühlschrank auftauen. Falls es eilt, erledigen Sie dies bei Raumtemperatur auf der Arbeitsfläche, wobei Sie den Teig jedoch gut im Auge behalten sollten. Denn Blätterteig muss stets verarbeitet werden, solange er noch kalt ist. Stellen Sie sicher, dass der Teig beim Ausrollen einerseits weich genug ist, um nicht zu reißen, sich andererseits aber noch kalt anfühlt. Denn wenn das enthaltene Fett zu weich wird, lässt sich der Teig nicht richtig ausrollen. Vor Beginn der Verarbeitung bestäuben Sie die Arbeitsfläche und den Teigroller mit Mehl. Befolgen Sie diese einfachen Hinweise, und Sie werden Gebäck fabrizieren, dass aussieht wie von Meisterhand.

Eier: Ob Sie braune oder weiße Eier wählen, ob diese aus Boden-, Freiland- oder ökologischer Haltung stammen oder ob es sich um Omega-3-Eier handelt,

EIER TRENNEN OHNE RISIKO

Eier lassen sich am besten trennen, wenn sie kalt sind. Eiweiß dagegen sollte immer raumtemperiert zu Schnee geschlagen werden. Ist allerdings nur ein winziges Stück Schale oder ein kleines bisschen Eigelb im Eiweiß enthalten, können Sie Ihre Idee vom Eischnee vergessen. Fordern Sie das Schicksal nicht heraus, indem Sie alle Eier direkt über der Rührschüssel für den Eischnee trennen. Wenn Sie Pech haben, verletzen Sie beim letzten Ei den Dotter, sodass alle ihre bis dahin sorgfältig getrennten Eiweiße unbrauchbar werden. Um dies zu vermeiden, schlagen Sie ein erstes Ei in eine kleine Schüssel auf. Fahren Sie – mit frisch gewaschenen Händen – mit den Fingern behutsam unter das Eigelb und heben Sie es heraus; das Eiweiß lassen Sie dabei zurück in die kleine Schüssel gleiten, das Eigelb geben Sie in eine Extraschüssel. Überprüfen Sie, dass kein Schalenstück oder Eigelb ins Eiweiß geraten ist, und geben dieses dann in die Rührschüssel für den Eischnee. Auf diese Weise trennen Sie alle Eier nacheinander. Sollten Sie ein Stückchen Eierschale im Eiweiß entdecken, fischen Sie es mithilfe eines größeren Schalenstücks heraus.

EIWEISS STEIF SCHLAGEN

Eischnee ist das A und O für zarte Baisers (s. S. 46), und er verleiht vielen Zubereitungen wie Zitrus-Mandel-Kuchen (s. S. 68) oder Baba de Camelo (s. S. 152) eine leichte, luftige Struktur. Die zum Schlagen verwendete Rührschüssel muss schön groß und außerdem absolut fettfrei sein. In ihr schlagen Sie die raumtemperierten Eiweiße, bis der Schnee die im Rezept verlangte Festigkeit besitzt (Hinweise, warum Sie eventuell keinen perfekten Schnee erhalten, finden Sie auf S. 23). Beginnen Sie mit mittlerer Geschwindigkeit und schalten Sie, sobald das Eiweiß schaumig wird, dann auf die höchste Stufe. Zum Überprüfen der Textur des Eischnees ziehen Sie die Rührbesen des Handrührgeräts senkrecht heraus. Wenn sich Spitzen bilden, die aber sofort umkippen, spricht man von »weichen Spitzen«. Wird steif geschlagener Eischnee verlangt, müssen die Spitzen stehen bleiben und der Schnee sollte glänzen.

EIER TIEFKÜHLEN

Falls ein Rezept nur Eiweiße oder nur Eigelbe verlangt, sollten die nicht verwendeten Anteile keineswegs weggeworfen werden. Eiweiße lassen sich hervorragend tiefkühlen und dann nach dem Auftauen für fast jede Zubereitung verwenden, die Eiweiß verlangt, beispielsweise Italienische Mandelmakronen (s. S. 33) oder Baisers (s. S. 46). In einer luftdicht verschlossenen Gefrierdose lassen sich Eiweiße im Tiefkühler bis zu 6 Monate aufbewahren (vergessen Sie nicht, auf der Dose das Datum und die Zahl der enthaltenen Eiweiße zu notieren). Das Auftauen erfolgt im Kühlschrank über Nacht.

Eigelbe hingegen lassen sich nicht gut tiefkühlen. Allerdings kann man sie im Kühlschrank bis zu 2 Tage aufbewahren. Dafür gibt man sie in einen luftdicht schließenden Behälter und bedeckt sie mit Wasser, damit sie nicht austrocknen. Vor der Verwendung das Wasser vorsichtig abgießen und die Eigelbe beispielsweise in einer Crème brûlée (s. S. 158) oder einem besonders reichhaltigen Omelett verarbeiten.

ist ganz allein Ihre Entscheidung. Hauptsache ist, dass die Eier für die Rezepte dieses Buchs groß (Gewichtsklasse L) und unbeschadet sind. Auf S. 15 finden Sie Tipps, wie Sie Ihre Eier am besten verwenden und verwerten.

Haferflocken (zart): Für die Rezepte in diesem Buch sollten Sie zarte (feinblättrige) Haferflocken verwenden. Falls Sie nur kernige (großblättrige) Flocken zur Hand haben, zerkleinern Sie sie grob in der Küchenmaschine oder im Standmixer.

Kakaopulver (ungesüßt): Hergestellt aus getrockneten und stark oder schwach entölten Kakaobohnen, bietet Kakaopulver einen sehr aromatischen und vollmundigen Geschmack. Für die Rezepte in diesem Buch können Sie jedes handelsübliche Kakaopulver verwenden, sei es naturbelassen hergestellt oder mit Kaliumcarbonat (Pottasche) alkalisiert. Ein wichtiger Hinweis: Kakaopulver ist nicht zu verwechseln mit Instant-Kakaopulver, dem extrem zuckerreichen kakaohaltigen Getränkepulver.

Schokolade: Wirklich gute Schokolade zu finden ist nicht schwer, Sie müssen nur das Etikett bzw. die Zutatenliste auf der Rückseite aufmerksam studieren. Und eins vorweg: Je weniger Zutaten dort aufgeführt sind, desto besser. Lesen Sie beispielsweise etwas von Fremdfetten wie Kokos- oder Butterreinfett, dann lassen Sie die Finger davon. Echte Schokolade enthält Kakaobutter. Hochwertige dunkle Schokolade etwa besteht aus Kakao, Kakaobohnen und Rohrzucker. In Vollmilchschokolade findet man außerdem Milchpulver, und weiße Schokolade enthält neben Kakaobutter ebenfalls Trockenmilch sowie Zucker, aber keinen Kakao. Ganz gleich, ob Sie weiße, Vollmilch- oder Zart- bzw. Bitterschokolade suchen, legen Sie das Produkt zurück ins Regal, wenn es modifizierte Öle, modifizierte Milchprodukte oder künstliche Aromastoffe wie beispielsweise Vanillin (als Vanilleersatz) enthält. In diesem Buch verwende ich meist dunkle Schokolade, und ich mag die mit einem Kakaoanteil von 70 % am liebsten.

Schokotropfen: So lecker sie auch schmecken mögen, sind sie mit richtiger Schokolade nicht zu vergleichen. Denn während Letztere sich beim Erhitzen verflüssigt, sollen Schokotropfen unter Hitzeeinwirkung eigentlich ihre Form behalten. Sie können nur dann in einem Rezept als Ersatz für richtige Schokolade verwendet

SCHOKOLADE ÜBER DEM WASSERBAD SCHMELZEN

Wenn in diesem Buch für ein Rezept Schokolade geschmolzen wird, kommt dafür meist die Mikrowelle zum Einsatz. Je nach Art der Schokolade variieren dabei die Zeiten. Kürzer fällt die Zeit oft bei weißer Schokolade aus, da sie schneller schmilzt (und leichter verbrennt). Sie können Schokolade aber ebenso über einem Wasserbad auf dem Herd schmelzen. Sie müssen dabei nur etwas aufmerksamer sein. Die nachfolgend beschriebene Methode gilt für alle Arten von Schokolade einschließlich Schokotropfen. Damit die Schokolade gleichmäßig schmilzt und nicht verbrennt, gehen Sie wie folgt vor:

1 Schokolade in kleine Stücke etwa von der Größe von Schokotropfen hacken.

2 Die gehackte Schokolade in eine hitzefeste Schüssel geben und diese in einen Topf mit köchelndem (nicht kochendem!) Wasser einhängen – das Wasser soll etwa 2,5 cm hoch im Topf stehen und darf den Schüsselboden nicht berühren. (Je nach Rezept zur Schokolade weitere Zutaten wie Sahne, Milch oder Butter geben.)

3 Während die Schokolade schmilzt, ab und zu behutsam durchrühren und die Hitze so regulieren, dass kein Wasserdampf in die Schüssel gelangt. Andernfalls könnte die Schokolade körnig und klumpig werden. Sobald die Schokolade fast vollständig geschmolzen ist, den Topf vom Herd nehmen und behutsam weiterrühren, um die letzten Stückchen zu schmelzen. Wie lange das alles dauert, hängt von der Schokoladenmenge, der Schüsselgröße und der Wassertemperatur ab. (Bei weißer Schokolade, die schneller verbrennt als dunkle, sollten Sie besonders langsam vorgehen. Damit das Wasser nicht zu heiß wird, müssen Sie gegebenenfalls während des Schmelzens den Topf immer mal wieder vom Herd nehmen.)

ABGERIEBENE ZITRUSSCHALEN TIEFKÜHLEN

Die Schale der Frucht mit einer Zestenreibe (s. S. 13) oder der schmal gelochten Seite einer Vierkantreibe fein abreiben. Was nicht benötigt wird, geben Sie in eine Gefrierdose und stellen die verschlossene Dose ins Tiefkühlfach. So hält sich Zitrusabrieb bis zu 1 Jahr. Die gefrorene Schale muss nicht aufgetaut werden, wenn sie zum Einsatz kommen soll. Beschriften Sie die Dose mit dem Abfülldatum und der Art des Inhalts, damit es nicht zu Verwechslungen kommt (Zitronen- und Orangenabrieb sehen im gefrorenen Zustand ganz ähnlich aus).

ZITRUSSAFT TIEFKÜHLEN

Bevor die frisch abgeriebene Frucht verdirbt, pressen Sie den Saft aus und entfernen Sie gegebenenfalls die Kerne. Besonders viel Saft gewinnen Sie, wenn die Frucht vor dem Auspressen auf hoher Stufe 10–15 Sek. in der Mikrowelle erhitzt und dann auf der Arbeitsfläche mit der flachen Hand unter festem Druck hin und her gerollt wird. (Das machen Sie am besten vor dem Abreiben der Schale, sonst verwandelt sich Ihre Arbeitsfläche in einen Saftsee.)

Frisch gepresster Zitrussaft lässt sich im Kühlschrank 2–3 Tage aufbewahren. Für eine längere Lagerung gießen Sie ihn in Eiswürfelformen, lassen die Saftwürfel durchfrieren und geben sie anschließend in einen Gefrierbeutel mit Zipverschluss, wo sie im verschlossenen Beutel zurück ins Tiefkühlfach kommen. So haben Sie jederzeit praktisch portionierten Zitrussaft zur Hand. Er hält sich bis zu 1 Jahr, lässt aber leider schon nach etwa 6 Monaten geschmacklich nach. Beschriften Sie den Beutel, denn Zitronen- und Limettensaft sehen im gefrorenen Zustand beinahe identisch aus.

werden, wenn dies ausdrücklich angegeben ist. Falls ein Rezept in diesem Buch Schokotropfen als Zutat verlangt, haben Sie die freie Wahl zwischen der Zartbitter-, Vollmilch- und weißen Variante.

Weiße Schokolade: Einige Rezepte in diesem Buch verlangen karamellisierte weiße Schokolade. Um sie herzustellen, besorgen Sie eine hochwertige weiße Schokolade mit einem Kakaobutteranteil von mindestens 30 %. Mit weißen Schokotropfen oder weißer Schokolade minderer Qualität funktioniert das Karamellisieren nicht.

Das Karamellisieren von weißer Schokolade erfordert ein wenig Zeit. Da sich das Resultat aber ebenso lange aufbewahren lässt wie normale weiße Schokolade, nämlich etwa 4 Monate, nehmen Sie sich gleich die doppelte Menge in einer etwa 33 × 23 cm großen Auflaufform vor. Denn der nächste Moment, in dem es unbedingt karamellisierte weiße Schokolade sein muss, lässt wahrscheinlich nicht sehr lange auf sich warten!

Zum Aufbewahren gießen Sie die karamellisierte weiße Schokolade in einen Behälter mit luftdicht schließendem Deckel und lassen Sie zunächst ohne Deckel auf Raumtemperatur abkühlen. Anschließend wird sie im verschlossen Behälter an einem kühlen, dunklen Platz gelagert.

Zitrusfrüchte: Die fein abgeriebene Schale (oder die Zesten) von Zitronen, Limetten, Orangen und Grapefruit verleiht Zubereitungen herrliche Aromen und Farbakzente. Man reibt dafür nur die äußere farbige Schicht ab ohne die darunter liegende bitter schmeckende weiße Haut. Da die schalenlosen Früchte aber entweder schnell austrocknen oder – in Frischhaltefolie gewickelt – rasch verschimmeln, sollten Sie, wann immer ein Rezept nach abgeriebener Schale oder frisch gepresstem Saft verlangt, beides zubereiten und das, was Sie nicht benötigen, tiefkühlen (siehe Kasten oben).

Zutaten-Freebies: Alle Rezepte in diesem Buch basieren auf drei Zutaten. Das ist das Grundprinzip, an das sich etwa das Einfache Shortbread (s. S. 34) strikt hält. Doch es gibt andere Beispiele wie die Mousse au Chocolat ohne Ei und Sahne (s. S. 121), bei der zu den drei Zutaten noch Wasser hinzukommt. Ist das ein Regelbruch? Nein, ich sehe das nicht so. Vielmehr betrachte ich Wasser, eine Prise Salz und etwas Mehl zum Bestäuben der Arbeitsfläche als die drei (!) »Gratiszutaten«, da sie in jeder Küche vorhanden sein dürften und außerdem in nur kleinen Mengen oder als Hilfsmittel bei der Zubereitung verwendet werden. Und dass es nur drei sind, ist ja auch kein Zufall. Oder?

3-ZUTATEN-GRUNDZUBEREITUNGEN

Backen beginnt meist mit den drei Komponenten Butter, Mehl und Zucker. Aber dann fehlt es noch an eigentlichen Geschmacksgebern, zum Beispiel Schokotropfen, Rosinen oder Vanille. Tatsächlich scheitert das reine 3-Zutaten-Prinzip häufig an geschmacklicher Langeweile. Mit den folgenden Mischungen lassen sich einige der einfachen Rezepte in diesem Buch ausbauen, ohne dass Sie dafür viel Mühe, Zeit oder Platz in Ihrem Küchenschrank opfern müssten.

ERGIBT ETWA 600 G

Dank dieser magischen Mischung erweitert sich das Spektrum von 3-Zutaten-Rezepten erheblich. Man kann self-rising flour (»selbst aufgehendes Mehl«) im angelsächsischen Raum in jedem Lebensmittelgeschäft kaufen, allerdings lässt es sich ohne großen Aufwand auch selbst mischen. Hier erhalten Sie einen größeren Vorrat, der dem Zweck des schnellen 3-Zutaten-Backens entspricht, Ihnen aber keinen allzu großen Stauraum im Schrank frisst. Die Zutatenmengen lassen sich nach Bedarf auch proportional erhöhen oder verringern.

MEHL MIT BACKPULVER UND SALZ

560 g Mehl

•

2 EL (30 ml) Backpulver

•

2 TL (10 ml) Salz (siehe Tipps)

1 In einer großen Schüssel Mehl, Backpulver und Salz mit einem Schneebesen gründlich mischen. Mixen Sie ruhig 30 Sek. länger, als Ihnen notwendig erscheint. Hier können Sie nichts falsch machen.

2 Die Mehlmischung sofort verwenden oder in einem luftdicht verschlossenen Behälter bei Raumtemperatur lagern (Haltbarkeit bis zu 1 Jahr).

TIPPS

Für dieses Rezept bevorzuge ich naturbelassenes feines Meersalz. Im Gegensatz zu gewöhnlichem Speisesalz enthält es keine Trennmittel als Rieselhilfe und schmeckt deutlich milder. Man bekommt feines Meersalz in jedem Supermarkt, aber Sie können natürlich auch einfaches Speisesalz verwenden.

Lagern Sie die Mehlmischung, wenn Sie nicht oft backen, im Tiefkühlfach oder Kühlschrank. So hält sie sich bis zu 2 Jahre.

ERGIBT ETWA 250 G

Wenn meine Geschwister oder ich nicht auf dem Damm waren und keinen Appetit hatten, toastete unsere Mutter für uns Brot, bestrich es mit reichlich Butter und streute Zimtzucker darauf. Dass es uns besser ging, erkannte sie an unserer wieder erwachenden Lust, mit dem Messer den Zucker kräftig in die Butter zu reiben. Ich halte Zimtzucker heute nicht als »Medizin« auf Vorrat, sondern zum Aufpeppen aller möglichen süßen Zubereitungen, etwa für Flambierte Ananas (s. S. 135) und natürlich für meine Zimtschnecken (s. S. 37). Außerdem schmeckt er gut im Kaffee.

ZIMTZUCKER

220 g Zucker

•

25 g Zimtpulver

•

1 TL (5 ml) frisch geriebene Muskatnuss

1 In einer mittelgroßen Schüssel Zucker, Zimt und Muskatnuss mischen.

2 Den Zimtzucker sofort verwenden oder in einem luftdicht verschlossenen Behälter bei Raumtemperatur lagern (Haltbarkeit bis zu 6 Monate). Vor Gebrauch gut durchmischen oder den Behälter kräftig schütteln, damit sich die Gewürze gleichmäßig verteilen.

TIPPS

Die Zutatenmengen lassen sich nach Belieben verdoppeln, verdreifachen oder sogar vervierfachen.

Lebkuchengewürz-Zucker: Verwenden Sie Pumpkin Pie Spice (Onlineshop) statt des Zimts und gemahlenen Ingwer statt der Muskatnuss.

ERGIBT 220 G

Zitrusaroma ist mein Zaubermittel gegen Fadheit. Bisher ist mir keine Zubereitung untergekommen, der etwas abgeriebene Orangenschale oder ein Spritzer Zitronensaft nicht geschmacklich auf die Sprünge geholfen hätte. Dieser Zitruszucker belebt fast jedes süße Gebäck, etwa Italienische Mandelmakronen (s. S. 33) oder auch Eccles Cakes (s. S. 106), aber ebenso heiße Getränke wie Tee, Kaffee und Glühwein.

ZITRUSZUCKER

1 EL (15 ml) abgeriebene Bio-Zitronenschale

•

1 EL (15 ml) abgeriebene Bio-Orangenschale

•

220 g Zucker

BACKOFEN AUF NIEDRIGER STUFE (70–80°) VORHEIZEN

BACKBLECH, AUSGELEGT MIT BACKPAPIER

1 Zitronen- und Orangenabrieb auf dem vorbereiteten Backblech dünn ausstreuen. Im vorgeheizten Ofen etwa 10 Min. leicht trocknen, bis sich ein aromatischer Duft entwickelt.

2 Blech aus dem Ofen nehmen und auf ein Kuchengitter setzen. Zitrusabrieb auf Raumtemperataur abkühlen lassen.

3 In einer mittelgroßen Schüssel getrockneten Zitrusabrieb und Zucker vermengen.

4 Den Zitruszucker sofort verwenden oder in einem luftdicht verschlossenen Behälter bei Raumtemperatur lagern (Haltbarkeit bis zu 3 Monate). Vor Gebrauch gut durchmischen oder den Behälter kräftig schütteln, damit sich der Zitrusabrieb gleichmäßig im Zucker verteilt.

TIPPS

Nach Bedarf können Sie die Zutatenmengen verdoppeln, verdreifachen oder sogar vervierfachen.

Experimientieren Sie mit neuen Geschmackskombinationen. Ersetzen Sie etwa den Orangen- durch Limettenabrieb (für einen Zitronen-Limetten-Zucker) oder den Zitronen- durch Grapefruitabrieb (für einen Orangen-Grapefruit-Zucker).

Die verwendeten Zitrusfrüchte müssen stets aus Bio-Anbau stammen.

ERGIBT 440 G

Vanilleschoten, aus denen ich das Mark herausgekratzt hatte, einfach wegzuwerfen, widerstrebte mir irgendwann. Also begann ich mit der Herstellung von Vanillezucker. Und je mehr meine Vorräte wuchsen, desto mehr verwendete ich davon. Probieren Sie es auch! Dieser Zucker verleiht Süßspeisen wie Crème brûlée (s. S. 158) und Pfirsich-Fruchteis (s. S. 188) eine feine Vanillenote, die sich übrigens ebenso gut in Ihrem Tee oder Kaffee macht.

VANILLEZUCKER

1 Vanilleschote (ganz oder längs aufgeschnitten und das Mark herausgekratzt, siehe Tipps)

•

440 g Zucker

•

1 Prise Meersalz

STANDMIXER

1 Vanilleschote in 5 cm lange Stücke schneiden. Mit dem Zucker und dem Salz in den Mixer geben und die Zutaten mit der Pulse-Taste zu Pulver verarbeiten.

2 Den Vanillezucker sofort verwenden oder in einem luftdicht verschlossenen Behälter bei Raumtemperatur lagern (Haltbarkeit bis zu 1 Jahr).

TIPPS

Um aus einer Vanilleschote das Mark herauszukratzen, die Schote mit der Spitze eines kleinen Gemüsemessers längs aufschneiden, dann aufklappen und die winzigen schwarzen Samen mit der Messerklinge erst aus der einen und dann aus der anderen Hälfte komplett herausschaben. Nun können Sie das Mark für die geplante Zubereitung verwenden, während Sie die leeren Schotenhälften noch zu Vanillezucker verarbeiten. Nichts wird verschwendet!

Es kommt vor, dass der Zucker aufgrund der Feuchtigkeit der Vanilleschote klumpt. In dem Fall reiben Sie die Zuckerbrocken vor der Verwendung auf der fein gelochten Seite einer Vierkantreibe.

WO LIEGT DER FEHLER?

Manchmal fallen mir direkt während meiner Backkurse Fehler seitens der Teilnehmer auf. Gelegentlich nimmt mich auch einer nach dem Unterricht frustriert beiseite und löchert mich mit Fragen. In diesem Abschnitt gehe ich auf die häufigsten Gründe ein, warum gute Rezepte trotzdem schiefgehen können. Ich hoffe, damit befreien Sie sich aus der Spirale immer wiederkehrender Enttäuschungen.

Muss ich das Rezept wirklich zunächst komplett durchlesen?
Ich gestehe, dass auch ich das ab und zu unterlasse, weil ich denke, dass ein Blick auf die Zutatenliste mir bereits sagt, wie die Zubereitung geht. Dann aber stelle ich mittendrin fest, dass eine Füllung für 4 Stunden in den Kühlschrank gestellt werden oder eine Sauce abkühlen muss. Lesen Sie erst die ganze Anleitung, um herauszufinden, ob Sie genügend Zeit, die richtige Küchenausstattung und auch den erforderlichen Platz haben. Falls es irgendwo hapert, blättern Sie einfach ein wenig im Buch. Sicher finden Sie ein anderes Rezept, das für Sie geeignet ist.

Kann ich Zutaten ersetzen?
Das funktioniert nur sehr bedingt. So schmelzen etwa Schokotropfen anders als dunkle Schokolade. In 3-Zutaten-Rezepten haben Sie wenig Spielraum. Zwar sind die hier versammelten Rezepte im Grunde unkompliziert, dennoch sollte man sie strikt befolgen. Wenn es Alternativen gibt, nenne ich sie in der Zutatenliste oder unter den Tipps.

Gibt es einen Unterschied zwischen Messbechern für flüssige und für trockene Zutaten?
Ja, der Unterschied ist gravierend. Würde man sie beim Abmessen von Zutaten vertauschen, ergäben sich dadurch Ungenauigkeiten von bis zu 26 % (s. auch S. 12.)

Was passiert, wenn das Backblech oder die Form zu klein ist?
Manches Gebäck braucht Platz, um sich auszubreiten oder aufzugehen. Eventuell ist auch ausreichende Luftzirkulation zwischen den Stücken erforderlich. Anstatt der Versuchung nachzugeben, einige zusätzliche Kekse auf ein Blech zu quetschen, lohnt es in der Regel doch, ein zweites Blech zu backen (entsprechende Angaben finden sich in den betreffenden Rezepten). Einen Rührteig in einer zu kleinen Backform unterzubringen hat zur Folge, dass er zusammenfällt, nicht durchgart oder überläuft – oder alles auf einmal. Passende Bleche bzw. Formen sind einer der Schlüssel zu einem gelungenen Backergebnis und auch zu einem sauberen Ofen. Glauben Sie mir, ich habe meine Lektion gelernt!

Ist das Vorheizen des Backofens wichtig?
Auf jeden Fall! Schalten Sie den Ofen ein, noch bevor Sie die Zutaten und Utensilien bereitstellen. Er sollte schon möglichst lange vorgeheizt sein, wenn Sie das Backgut hineinschieben. Denn wenn der Ofen anzeigt, dass die gewünschte Betriebstemperatur erreicht ist, gilt dies zwar für die Luft im Innenraum des Geräts, nicht aber für die Wände. Folglich sinkt die Temperatur, sobald Sie die Tür öffnen, gehörig. Warten Sie also, nachdem die eingestellte Temperatur laut Anzeige erreicht ist, vor dem Backen möglichst erst noch 20 Min. (oder besser sogar 30 Min.). Diese zusätzliche Zeit kann den Unterschied zwischen Erfolg und Scheitern bedeuten.

Warum sollen Eier zum Backen raumtemperiert sein? Kann ich sie nicht auch direkt aus dem Kühlschrank verwenden?
Die schlechte Nachricht: Kalte Eier können die Textur von Gebäck beeinträchtigen. Die gute Nachricht: Gekühlte Eier lassen sich in weniger als 2 Min. auf Raumtemperatur bringen. Dafür eine Schüssel mit heißem Wasser (denken Sie an die Temperatur von Badewasser) füllen und die ganzen Eier für 1–2 Min. hineinlegen. Falls Sie die Eier im noch kalten Zustand bereits getrennt haben (s. S. 15), können Sie das Eiweiß in seiner Schüssel schnell erwärmen, indem Sie diese in eine größere Schüssel mit warmem Wasser setzen und 5–10 Min. warten. (Alternativ das Eiweiß einfach zugedeckt bei Raumtemperatur 30 Min. stehen lassen und dann erst aufschlagen.)

Warum ergibt mein Eiweiß keinen perfekten Schnee?
Sofern Sie ganz sicher sind, dass Ihnen weder Schalenstückchen noch Eigelb ins Eiweiß geraten sind

(s. S. 15), könnte es noch andere Gründe geben, die nicht auf den ersten Blick zu erkennen sind. So ist die Innenwand von Plastikschüsseln oft nicht ganz fettfrei, weshalb Sie zum Schlagen von Eischnee am besten Glas- oder Edelstahlschüsseln verwenden sollten. Auch auf Schüsseln oder Rührbesen, die Sie nicht im verschlossenen Schrank aufbewahren, sondern auf der Küchentheke, sammelt sich durch den Kochdunst gern etwas Fett. Spülen und trocknen Sie sie daher gründlich, bevor Sie sie für die Zubereitung von Eischnee verwenden. Außerdem kann eine zu hohe Luftfeuchtigkeit verhindern, dass Sie ein lockerschaumiges Ergebnis erhalten.

Kann ich Butter in der Mikrowelle weich werden lassen?
Sie wussten, Sie würden weiche Butter brauchen, und hatten keine Zeit, diese 30–45 Min. vorher aus dem Kühlschrank zu nehmen? Also haben Sie sie in die Mikrowelle gegeben, und nun ist die Butter immer noch kalt, nur mit geschmolzenem Kern. Dumm gelaufen! Das nächste Mal vergessen Sie die Mikrowelle. Stattdessen raspeln Sie die Butter grob auf einen Teller oder direkt in die Rührschüssel, wo sie dann binnen 2 Min. gleichmäßig weich wird, genau wie gewünscht.

Warum ist mein Rührteig so trocken/fest?
Es ist gut möglich, dass einiges an Flüssigkeit in der Schüssel zurückgeblieben ist, wenn Sie den Teig einfach herausgegossen haben. Bis zu 4 EL (60 ml) können so am Schüsselrand haften bleiben, was am Ende die Textur wie auch den Geschmack verändern dürfte. Greifen Sie also zu einem breiten Teigschaber und holen Sie alles aus der Schüssel heraus. Auch zum Entleeren anderer dickflüssiger Substanzen wie Kondensmilch, Honig oder Sahne aus ihrem Gefäß ist ein Teigschaber unerlässlich, selbstverständlich in schmalerem Format (s. S. 13).

Warum wird die Sahne nicht steif?
Sahne verlangt, wenn sie steif geschlagen werden soll, nach einem bestimmten Fettgehalt (s. S. 14) und darüber hinaus nach Kälte. Daher sollten Sie vor allem in einer sehr warmen Küche zunächst die Schüssel und Rührbesen für rund 10 Minuten ins Tiefkühlfach geben.

Warum geraten meine Kuchen/Kekse/Muffins/ Scones trocken und zäh?
Haben Sie die richtigen Messbecher benutzt (s. S. 12)? Falls ja, ist das schon einmal die halbe Miete. Trotzdem haben Sie eventuell nicht die exakte Menge an Mehl verwendet, wenn Sie es zu fest in den Becher gedrückt haben. Damit kann sich eine Verschiebung von bis zu 30 % ergeben. Häufen Sie das Mehl mit einem Löffel locker in den Messbecher für trockene Zutaten und streifen Sie dann den Überschuss mit einer Messerklinge ab. Und geben Sie nicht auf! Sollten Ihre Versuche weiterhin jedes Mal schiefgehen, messen Sie die Zutaten mit einer Küchenwaage (s. S. 12) ab. Vielleicht ist das die Lösung.

Warum verbrennen meine Kekse immer?
Wenn Ihre Kekse jedes Mal verbrennen, liegt das möglicherweise nicht an Ihnen, sondern an zu dünnen, billigen Blechen. Sollten Sie gerade keine Zeit haben, neue zu kaufen (s. S. 11), dann legen Sie zwei Bleche übereinander. So können Sie sich behelfen, bis Sie bessere Bleche besorgt haben. Alternativ arbeiten Sie versuchsweise einstweilen mit einer Backmatte.

Falls trotz zweier übereinandergelegter Bleche oder einer Backmatte immer noch ein Teil der Kekse verbrennt, könnte dies an einer ungleichmäßigen Hitzeverteilung in Ihrem Ofen liegen. Um diese auszugleichen, drehen Sie das Blech nach der Hälfte der Backzeit. (Achtung: Das funktioniert bei Keksen und Muffins, aber nicht bei einem Kuchen. Dieser wird höchstwahrscheinlich zusammenfallen.) Für ein optimales Ergebnis backen Sie jeweils nur ein Blech auf der mittleren Schiene des Ofens.

Darf ich die Ofentür öffnen, um zu sehen, wie es läuft?
Neugier kann nach hinten losgehen, auch beim Backen. Die Versuchung, zur Kontrolle die Ofentür zu öffnen, ist groß. Sie sollten besser auf den Timer vertrauen, es sei denn, Sie müssen das Blech drehen. Schalten Sie lieber die Innenbeleuchtung des Ofens ein und werfen Sie einen Blick durch das Glasfenster. (Wenn Sie nichts erkennen können, ist wohl Putzen angesagt.)

So, das wär's. Jetzt legen Sie los mit Ihren 3 Zutaten. Viel Erfolg dabei!

KEKSE & COOKIES

Peanut Butter Cookies *28*

Ingwer-Cookies *30*

Salted Caramel Cookies *31*

Italienische Mandelmakronen *33*

Einfaches Shortbread *34*

Zimtschnecken *37*

Whoopie Pies mit Eiscreme *38*

Weiche Kokosmakronen *41*

Kokoskekse *42*

Nuss-Nougat-Cookies *43*

Haferflocken-Rosinen-Cookies *44*

Baisers *46*

Karamellsplitter *47*

Zitronige Wan-Tan-Kekse *49*

ERGIBT ETWA 24 STÜCK

Zerstreutheit hat mitunter ihr Gutes. So vergaß ich einmal, nachdem ich das Einfache Shortbread (s. S. 34) gebacken hatte, für die danach geplanten Cookies die Ofentemperatur zu erhöhen. Das sanftere und folglich längere Backen tat den Keksen, wie ich fand, sehr gut. Ach, würde die Waschmaschine meine Fehler doch auch so belohnen!

PEANUT BUTTER COOKIES

1 Ei (L), raumtemperiert

•

260 g feine Erdnussbutter (siehe Tipps)

•

220 g Zucker plus 2 EL (30 ml) zum Eintunken

BACKOFEN AUF 150° VORHEIZEN

2 BACKBLECHE, AUSGELEGT MIT BACKPAPIER

1 In einer mittelgroßen Schüssel das Ei mit einer Gabel verquirlen. Erdnussbutter und 220 g Zucker hinzufügen und alles zu einer glatten Masse verrühren.

2 Von der Masse 1 EL (15 ml) abnehmen und zu einer Kugel rollen. In eine kleine Schüssel 2 EL (30 ml) Zucker geben. Die Kugel mit einer Seite in den Zucker drücken und dann mit der gezuckerten Seite nach oben auf eines der vorbereiteten Bleche setzen. Restliche Masse genauso verarbeiten und zwischen den Kugeln Abstände von 5 cm lassen. Mit den Zinken einer Gabel die Kugeln auf 1 cm flach drücken.

3 Die Bleche nacheinander auf der mittleren Schiene in den Ofen schieben und die Cookies jeweils etwa 20 Min. backen, bis sich ihre Ränder fest anfühlen.

4 Die Cookies auf dem Blech 5 Min. abkühlen lassen. Danach auf einem Kuchengitter auskühlen lassen.

TIPPS

Für dieses Rezept empfehle ich die gesüßte Erdnussbutter, also kein Erdnussmus, die natürliche Variante ohne Zusätze.

In einer luftdicht verschlossenen Dose lassen sich die Cookies bei Raumtemperatur bis zu 1 Woche aufbewahren.

ERGIBT ETWA 30 STÜCK

Hier haben wir es nicht mit den in den USA so populären, mit Melasse zubereiteten und mit gemahlenem Ingwer, Zimt und Nelken gewürzten Ingwerkeksen zu tun. Nein, diese Cookies gehen beim Ingwer aufs Ganze: Er ist nicht gemahlen, sondern kandiert und großzügig dosiert. Für Liebhaber der typischen Ingwerschärfe das reine Vergnügen!

INGWER-COOKIES

75 g kandierter Ingwer, gehackt, plus etwa 30 Stückchen (3 mm groß) zum Garnieren (siehe Tipps)

•

140 g Mehl

•

115 g weiche gesalzene Butter

STANDMIXER ODER KÜCHENMASCHINE, BESTÜCKT MIT EDELSTAHLMESSER

ELEKTRISCHES HANDRÜHRGERÄT

2 BACKBLECHE, AUSGELEGT MIT BACKPAPIER

1 Im Standmixer oder in der Küchenmaschine Ingwer und Mehl mithilfe der Pulse-Taste mischen, bis der Ingwer fein zerkleinert ist. (Wenn Sie es mögen, dürfen auch einige größere Stücke bleiben.)

2 In einer mittelgroßen Schüssel die Butter mit den Rührbesen des Handrührgeräts auf kleiner Stufe cremig rühren, danach auf hoher Stufe 1 Min. aufschlagen. Die Mehlmischung dazugeben und die Zutaten mit einem Löffel zu einem glatten Teig verrühren. Den Teig zu einer Rolle (Ø 4 cm) formen. In Back- oder Wachspapier wickeln und mind. 30 Min. (oder bis zu 3 Tage) im Kühlschrank fest werden lassen.

3 Backofen auf 150° vorheizen.

4 Die gekühlte Teigrolle mit einem scharfen Messer in 5 mm dicke Scheiben schneiden. In Abständen von etwa 2,5 cm auf die vorbereiteten Bleche legen. Jede Scheibe mit 1 Ingwerstückchen garnieren.

5 Die Bleche nacheinander auf der mittleren Schiene in den Ofen schieben und die Cookies jeweils 18–22 Min. backen, bis ihre Ränder ein wenig gebräunt sind.

6 Cookies auf dem Blech 5 Min. abkühlen lassen. Danach auf einem Kuchengitter auskühlen lassen.

TIPPS

Der kandierte Ingwer darf nicht feucht und klebrig sein. Daher gegebenenfalls den Backofen auf niedriger Stufe (70–80°) vorheizen. Ingwer in etwa 5 mm große Stücke hacken und im Ofen 20 Min. trocknen.

In einer luftdicht verschlossenen Dose lassen sich die Ingwer-Cookies bei Raumtemperatur bis zu 1 Woche aufbewahren.

ERGIBT ETWA 12 STÜCK

Meine Großmutter war berühmt für ihre Karamell-Cookies. Es waren echte Gaumenschmeichler, fast wie Sahnetoffees. Zu verdanken hatten sie dies einer Kombination aus weißem und braunem Zucker und einer Unmenge Butter. Meine vereinfachte Version liefert das gleiche vollmundige Karamellaroma, aber sie basiert nur auf braunem Zucker – je dunkler dieser ist, desto besser. Im Vergleich zu Großmutters Original schmecken meine Cookies eher nach Salzkaramell, doch bisher hat sich deswegen noch niemand beschwert.

SALTED CARAMEL COOKIES

115 g gesalzene Butter, zerlassen

•

180 g brauner Rohrzucker (z. B. dunkler Demerara-Zucker), plus 1 EL (15 ml) zum Eintunken

•

140 g Mehl mit Backpulver und Salz *(s. S. 19)*

BACKBLECH, AUSGELEGT MIT BACKPAPIER

1 In einer mittelgroßen Schüssel die zerlassene Butter mit 180 g Zucker verrühren, bis sich der Zucker vollständig aufgelöst hat. Die Mehlmischung gleichmäßig unterrühren. Den jetzt noch sehr weichen Teig zugedeckt etwa 30 Min. oder über Nacht im Kühlschrank fest werden lassen.

2 Backofen auf 180° vorheizen.

3 Aus dem Teig 5 cm große Kugeln formen. In eine kleine Schüssel 1 EL Zucker geben. Die Kugeln mit einer Seite in den Zucker drücken und dann mit der gezuckerten Seite nach oben in Abständen von 5 cm auf das vorbereitete Blech setzen.

4 Die Cookies im vorgeheizten Ofen auf der mittleren Schiene 10–12 Min. backen, bis sie am Rand goldgelb sind.

5 Auf dem Blech 5 Min. abkühlen lassen. Danach auf einem Kuchengitter auskühlen lassen.

TIPPS

Muss es schnell gehen? Dann sparen Sie sich das Kühlen und geben jeweils direkt 2 EL (30 ml) Teig in Abständen von etwa 8 cm auf das Blech. Das zusätzliche Zuckern entfällt. Die Cookies auf der mittleren Schiene 8–10 Min. backen, bis sie am Rand goldgelb sind. Sie geraten in dem Fall flacher, schmecken aber genauso gut.

In einer luftdicht verschlossenen Dose lassen sich die Cookies bei Raumtemperatur bis zu 1 Woche aufbewahren.

ERGIBT ETWA 12 STÜCK

Diese Makronen backe ich häufig für Freunde, die von einer Laktose- oder Glutenintoleranz betroffen sind. Die Zubereitung ist einfach, sie lassen sich gut transportieren und sind so leicht, dass man sie selbst nach einem schweren Essen noch gern knabbert. Als Deko könnte man vor dem Backen jeweils noch eine geschälte ganze Mandel hineindrücken. Aber das wäre dann ja Zutat Nummer vier …

ITALIENISCHE MANDELMAKRONEN

140 g geschälte gemahlene Mandeln

•

75 g Zitruszucker *(s. S. 21)*

•

1 Eiweiß (L), raumtemperiert

BACKOFEN AUF 180° VORHEIZEN

ELEKTRISCHES HANDRÜHRGERÄT

BACKBLECH, AUSGELEGT MIT BACKPAPIER

1 In einer mittelgroßen Schüssel die gemahlenen Mandeln mit dem Zitruszucker mischen.

2 In einer zweiten mittelgroßen Schüssel das Eiweiß mit den Rührbesen des Handrührgeräts auf hoher Stufe schlagen, bis sich weiche Spitzen bilden.

3 Die Mandel-Zucker-Mischung behutsam unter den Eischnee ziehen.

4 Einen Dosierlöffel für 1 EL (15 ml) mit Mandelmasse füllen. Den Löffel fest gegen die innere Schüsselwand drücken, um die Masse zu glätten. Mandelmasse zwischen den Handflächen zu einer Kugel formen und dabei die Hände mit Wasser anfeuchten, falls die Masse klebt. Die Kugel auf das vorbereitete Blech setzen. Die restliche Mandelmasse genauso verarbeiten und zwischen den Kugeln auf dem Blech Abstände von etwa 8 cm lassen. Die Kugeln auf etwa 1 cm flach drücken.

5 Makronen im vorgeheizten Ofen auf der mittleren Schiene 12–14 Min. backen, bis sie zart gebräunt sind.

6 Auf dem Blech 5 Min. abkühlen lassen. Danach auf einem Kuchengitter auskühlen lassen.

TIPPS

Gemahlene Mandeln werden aufgrund ihres Fettgehalts vergleichsweise schnell ranzig. Bis zu 6 Monate lassen sie sich in einem luftdicht verschlossenen Behälter, geschützt vor Licht und Hitze, lagern. Im Tiefkühlfach verlängert sich die Haltbarkeit sogar auf bis zu 1 Jahr. In dem Fall vor der Verwendung die benötigte Menge abmessen und zunächst Raumtemperatur annehmen lassen.

In einer luftdicht verschlossenen Dose lassen sich die Makronen bei Raumtemperatur bis zu 1 Woche aufbewahren.

ERGIBT ETWA 36 STÜCK

Jedes Jahr frage ich meinen Vater, welches Gebäck er sich für Weihnachten wünscht, und jedes Mal bekomme ich dieselbe Antwort: Shortbread. Inzwischen habe ich Routine darin, die zwei- oder dreifache Menge zu machen, denn es kann nie genug davon geben.

EINFACHES SHORTBREAD

225 g weiche gesalzene Butter

•

110 g Zucker

•

280 g Mehl

2 BACKBLECHE

1 In einer großen Schüssel die Butter mit einem Holzlöffel weiß und cremig rühren. Esslöffelweise den Zucker sorgfältig unterrühren.

2 Das Mehl in vier gleich großen Portionen unterrühren, bis schließlich ein geschmeidiger, glatter Teig entstanden ist.

3 Teig halbieren und jede Hälfte zu einer 5 cm dicken Rolle formen. In Back- oder Wachspapier wickeln und mind. 30 Min. (oder bis zu 3 Tage) im Kühlschrank fest werden lassen.

4 Den Backofen auf 150° vorheizen. Die Teigrollen aus dem Kühlschrank nehmen und 10 Min. Raumtemperatur annehmen lassen.

5 Mit einem scharfen Messer die Teigrollen quer in 5 mm dicke Scheiben schneiden und diese mit Abständen von 1 cm auf die Bleche legen.

6 Die Bleche nacheinander auf der mittleren Schiene in den Ofen schieben und die Kekse 25–30 Min. backen, bis sie am Rand leicht gebräunt sind, oben aber hell bleiben.

7 Auf ein Kuchengitter legen und auskühlen lassen.

TIPPS

Die fertig geformten und eingewickelten Teigrollen (siehe Step 3) lassen sich bis zu 3 Monate tiefkühlen. In dem Fall dann in Step 4 die Rollen 30 Min. Raumtemperatur annehmen lassen, bis der Teig zwar noch fest ist, beim Schneiden aber nicht zerbricht.

Das Shortbread hält sich in einer luftdicht verschlossenen Dose im Kühlschrank bis zu 2 Wochen und im Tiefkühlfach bis zu 4 Monate.

ERGIBT 12 STÜCK

Verschwendung von Lebensmitteln kam für meine Mutter nicht infrage. Wenn sie einen Pie oder Tartelettes zubereitete, verknetete sie zuletzt all die kleinen Teigreste und rollte daraus einen Streifen, den sie dick butterte und gelegentlich mit einer Konfitüre bestrich, aber häufiger mit Zimtzucker bestreute. Schließlich wurde das Ganze zu Schnecken gerollt und ebenfalls gebacken. Zu Ehren meiner praktisch veranlagten Mutter und ihrer nach Zimt duftenden Küche folgt hier ein Rezept, das allerdings nicht auf Teigresten, sondern auf einem Fertigteig basiert.

ZIMTSCHNECKEN

200 g Mürbeteig (Kühlregal oder TK), TK-Teig aufgetaut

•

2 EL (30 g) weiche gesalzene Butter

•

2 EL (30 g) Zimtzucker (s. S. 20)

BACKOFEN AUF 180° VORHEIZEN

BACKBLECH, AUSGELEGT MIT BACKPAPIER

1 Den Teig auf einer leicht bemehlten Arbeitsfläche entrollen und gegebenenfalls das Backpapier abziehen. Mit einem scharfen Messer oder Pizzaschneider die Teigplatte quadratisch zuschneiden. Das Teigquadrat in der Mitte zusammenfalten und dann zu einem Rechteck von 30 × 20 cm ausrollen.

2 Teig mit der Butter bestreichen und mit dem Zimtzucker bestreuen.

3 Teigstück von der Schmalseite her fest aufrollen, die Rolle anschließend in 12 je etwa 2 cm dicke Scheiben schneiden. In Abständen von 2–3 cm auf das vorbereitete Blech legen.

4 Die Zimtschnecken im vorgeheizten Ofen auf der mittleren Schiene 10–12 Min. backen, bis sie an den Rändern leicht gebräunt sind, oben aber hell bleiben.

5 Das Blech auf ein Kuchengitter setzen und die Zimtschnecken auf dem Blech auskühlen lassen.

TIPPS

Falls Sie eine rechteckige Teigplatte entsprechender Größe gekauft haben, können das Zuschneiden und Ausrollen in Step 1 natürlich entfallen.

In einer luftdicht verschlossenen Dose lassen sich die Zimtschnecken bei Raumtemperatur bis zu 1 Woche aufbewahren.

ERGIBT 4 STÜCK

Fallen diese süßen Sandwiches in die Kategorie Kekse oder sind es doch eher kleine Kuchen? Ach, vergessen wir die Wortklauberei, Hauptsache ist doch, die kleinen Doppeldecker versüßen uns das Leben.

WHOOPIE PIES MIT EISCREME

500 ml Eiscreme (siehe Tipps)

•

105 g Mehl mit Backpulver und Salz (s. S. 19)

•

3 EL (45 g) gesalzene Butter, zerlassen

BACKOFEN AUF 180° VORHEIZEN

BACKBLECH, AUSGELEGT MIT BACKPAPIER

1 In einer mittelgroßen Schüssel 175 ml Eiscreme bei Raumtemperatur in 15–20 Min. schmelzen und flüssig werden lassen (die restliche Eiscreme bleibt im Tiefkühlfach). Mehl und zerlassene Butter mit der flüssigen Eiscreme glatt rühren. Den Teig 5 Min. ruhen lassen.

2 Mit einem Eisportionierer (Ø 45 mm, entsprechend 25 ml) Teig aufnehmen und überschüssigen Teig an der inneren Schüsselwand abstreifen. Die Teighalbkugel aus dem Portionierer lösen und mit der flachen Seite nach unten auf das vorbereitete Blech setzen. Den Teig wie beschrieben zu 7 weiteren Halbkugeln verarbeiten und diese in Abständen von 5 cm auf das vorbereitete Blech setzen.

3 Im vorgeheizten Ofen auf der mittleren Schiene 8–10 Min. backen, bis die Oberseiten der Kekse trocken sind.

4 Kekse auf ein Kuchengitter legen und auskühlen lassen.

5 Von der restlichen Eiscreme 1 Kugel abstechen, auf die Unterseite eines Kekses geben und einen zweiten Keks mit der flachen Seite nach unten daraufsetzen. Die beiden Kekse in gegensätzlicher Richtung drehen, bis sie gut an der Eiscreme haften (nicht pressen, da die Kekse sonst zerbrechen). Übrige Kekse und Eiscreme genauso verarbeiten. Die Whoopie Pies genießen, bevor die Eiscreme schmilzt.

TIPPS

Am besten geraten die Whoopies mit einer nicht fettreduzierten Eiscreme, die auf wenigen Zutaten basiert, also möglichst keine Marmorierung oder gar knackige Extrazutaten aufweist. Klassisches Schoko-, Erdbeer- oder Vanilleeis eignet sich am besten. Wer auf den Crunch-Effekt aber nicht verzichten will, sollte die entsprechende Eiscreme nur für die Füllung zwischen den Keksen verwenden.

Die zusammengesetzten Whoopies lassen sich bis zu 1 Monat einfrieren. Vor dem Servieren etwa 10 Min. bei Raumtemperatur antauen.

ERGIBT ETWA 48 STÜCK

Makronen sind nicht zu verwechseln mit Macarons. Bei Macarons handelt es sich um ein elegantes und bunt gefärbtes französisches Sandwichgebäck auf der Grundlage fein gemahlener Mandeln und mit raffinierter Füllung. Insgesamt ist es dabei mit drei Zutaten längst nicht getan, und viel Feinarbeit ist auch noch erforderlich. Dagegen brauchen diese Makronen hauptsächlich Kokosraspel, sind im Nu fertig und gelingen (fast) immer. Was möchten Sie lieber zubereiten?

WEICHE KOKOSMAKRONEN

600 g Kokosraspel

•

1 Dose gezuckerte Kondensmilch (400 g; z. B. Milchmädchen)

•

1 EL (15 ml) Vanilleexktrakt

BACKOFEN AUF 160° VORHEIZEN

2 BACKBLECHE, AUSGELEGT MIT BACKPAPIER

1 In einer großen Schüssel Kokosraspel, Kondensmilch und Vanilleextrakt vermischen, bis die Kokosraspel gleichmäßig überzogen sind.

2 Die Masse esslöffelweise in Abständen von etwa 4 cm auf die vorbereiteten Bleche geben (siehe Tipps).

3 Auf der mittleren Schiene jeweils 10–12 Min. backen, bis die Makronen am Rand leicht gebräunt sind.

4 Die Makronen auf dem Blech 5 Min. abkühlen lassen. Danach auf einem Kuchengitter auskühlen lassen.

TIPPS

Wenn Sie die Kondensmilch einfach nur aus der Dose gießen, könnten Ihnen bis zu 2 EL (30 ml) verloren gehen, was für das Ergebnis nicht ohne Folgen bliebe. Am besten nehmen Sie einen kleinen Teigschaber (s. S. 13), um die Dose sauber zu entleeren.

Um den Kokosmakronen ein Mandelaroma zu verleihen, ersetzen Sie den Vanille- durch 1½ TL reinen Mandelextrakt.

Besonders gleichförmig geraten die Makronen mithilfe eines Messlöffels für 1 EL (15 ml). Damit sich die aufgenommene Masse gut löst, den Löffel vorher dünn mit Speiseöl ausstreichen.

Wahrscheinlich benötigen Sie für dieses Rezept insgesamt vier Backdurchgänge. Nachdem Sie die erste Fuhre Makronen vom Blech genommen haben, können Sie dieses einschließlich der Papierauflage ein zweites Mal verwenden. Nur muss es, bevor Sie die nächsten Teighäufchen daraufsetzen, vollständig abgekühlt sein.

In einer luftdicht verschlossenen Dose lassen sich die Makronen bei Raumtemperatur bis zu 1 Woche aufbewahren.

ERGIBT ETWA 12 STÜCK

Kokosmehl ist eine glutenfreie Alternative zu herkömmlichem Mehl. Es hat eine sandige Konsistenz und ist sehr »durstig«, bindet also schnell viel Flüssigkeit. Einst nur in Bioläden zu bekommen, hat es inzwischen seinen Weg in viele Supermärkte und in eine Vielzahl von Zubereitungen gefunden. Im Gegensatz zu den Weichen Kokosmakronen (s. S. 41) sind diese Kekse, unter anderem dank des Kokosmehls, eher knusprig

KOKOSKEKSE

65 g Kokosmehl

•

55 g Zucker

•

6 EL (90 g) gesalzene Butter, zerlassen

BACKOFEN AUF 180° VORHEIZEN

BACKBLECH, AUSGELEGT MIT BACKPAPIER

1 In einer mittelgroßen Schüssel Kokosmehl und Zucker mischen. Die flüssige Butter darüberträufeln und die Zutaten verrühren, bis der Teig die Konsistenz von feuchtem Sand angenommen hat.

2 Von dem Teig jeweils 1 EL (15 ml) aufnehmen und mit den Händen zu einer Kugel formen. Die Kugeln in Abständen von etwa 3 cm auf das vorbereitete Blech setzen und auf 1 cm flach drücken.

3 Die Kekse im vorgeheizten Ofen auf der mittleren Schiene 8–10 Min. backen, bis sie am Rand leicht gebräunt sind.

4 Das Blech auf ein Kuchengitter setzen und die Kokoskekse darauf auskühlen lassen (im warmen Zustand zerbrechen sie ganz leicht).

TIPPS

Mit Kokosmehl zubereitete Kekse verbrennen beim Backen schneller als solche aus Weizenmehl oder gemahlenen Mandeln oder Haselnüssen. Lassen Sie sie daher während der letzten 1–2 Min. Backzeit nicht aus den Augen.

In einer luftdicht verschlossenen Dose lassen sich die Kokoskekse bei Raumtemperatur bis zu 1 Woche aufbewahren.

ERGIBT ETWA 12 STÜCK

Diese Cookies schmecken ähnlich wie Ferrero-Rocher-Pralinen. Nur sind sie größer. Und sie haben mehr Biss. Und man muss sie nicht erst umständlich auswickeln. Die Kehrseite der Medaille: Sie sind größer, besitzen mehr Biss und man muss sie nicht erst auswickeln. Da ich mich beim Essen – und übrigens nicht nur da – schlecht beherrschen kann, backe ich immer nur kleinere Portionen. Sollten Sie willensstark sein, können Sie die Zutatenmengen gern verdoppeln.

NUSS-NOUGAT-COOKIES

300 g Nuss-Nougat-Creme

•

140 g Mehl

•

1 Ei (L), raumtemperiert

BACKOFEN AUF 180° VORHEIZEN

BACKBLECH, AUSGELEGT MIT BACKPAPIER

1 In einer mittelgroßen Schüssel die Nuss-Nougat-Creme, das Mehl und das Ei zu einem glatten, ziemlich dicken Teig verrühren.

2 Von dem Teig 2 EL (30 ml) aufnehmen und zu einer Kugel rollen. Auf das vorbereitete Blech setzen. Aus dem restlichen Teig wie beschrieben weitere Kugeln formen und diese in Abständen von 5 cm ebenfalls auf das Blech geben. Die Kugeln mit angefeuchteten Händen auf etwa 1 cm flach drücken.

3 Die Cookies im vorgeheizten Ofen auf der mittleren Schiene 8–10 Min. backen, bis sie an den Rändern fest, in der Mitte aber noch etwas weich sind.

4 Auf dem Blech 5 Min. abkühlen lassen. Danach auf einem Kuchengitter auskühlen lassen.

TIPP

In einer luftdicht verschlossenen Dose lassen sich die Cookies bei Raumtemperatur bis zu 1 Woche aufbewahren.

ERGIBT ETWA 12 STÜCK

Haferflocken bilden mit Rosinen eine bewährte Kombi, ob sie nun, warm und weich, im Frühstücksbrei aufeinandertreffen oder aber in der Keksdose eher kernigen Genuss verheißen. In Keksen, nicht jedoch im Porridge, lassen sich die Rosinen durch Schokotropfen ersetzen (siehe Tipps). Bei Gebäck funktioniert beides gleichermaßen gut.

HAFERFLOCKEN-ROSINEN-COOKIES

2 große Bananen, zerdrückt (etwa 375 ml)

•

175 g zarte Haferflocken

•

75 g Rosinen (siehe Tipps)

BACKOFEN AUF 180° VORHEIZEN

BACKBLECH, AUSGELEGT MIT BACKPAPIER

1 In einer großen Schüssel zerdrückte Bananen und Haferflocken vermengen, dann die Rosinen unterziehen.

2 Aus der Masse 5 cm große Kugeln formen und diese in Abständen von 5 cm auf das vorbereitete Blech setzen. Mit angefeuchteten Händen zu Kreisen von Ø 5 cm flach drücken.

3 Die Cookies im vorgeheizten Ofen auf der mittleren Schiene 12–15 Min. backen, bis sie oben goldbraun sind und sich eben fest anfühlen.

4 Auf dem Blech 5 Min. abkühlen lassen. Danach auf einem Kuchengitter auskühlen lassen.

TIPPS

Falls die Rosinen sehr trocken sind, sollte man sie zunächst in einer kleinen Schüssel in kochend heißem Wasser 5–10 Min. quellen lassen. Danach abseihen, trocken tupfen und dann mit der eigentlichen Rezeptzubereitung beginnen.

Für eine Schokovariante ersetzen Sie die Rosinen durch 95 g Schokotropfen.

Diese Cookies halten sich nicht so lange wie solche, die mit Mehl zubereitet sind. In einer luftdicht verschlossenen Dose bleiben sie bei Raumtemperatur bis zu 2 Tage frisch.

ERGIBT ETWA 24 STÜCK

Meine Freundin Jane, diese ausgemachte Minimalistin, liebt Baisers. So gesehen passt dieses Schaumgebäck perfekt zu ihr. Anfangs dachte ich, dass ihr doch etwas entgehen müsste, wenn die Baisers nicht mit Schokotropfen angereichert oder zu Eton Mess (s. S. 162) vermengt wären. Aber nein! Ganz in Zen-Manier nimmt sie eines dieser wolkigen Gebilde in die Hände und beäugt es aufmerksam, bevor sie dann hineinbeißt und seine unterschiedlichen Texturen – außen knusprig, innen zart und doch leicht zäh – genießt. Ich habe von ihr gelernt. Die Schokotropfen vermisse ich mittlerweile kein bisschen mehr.

BAISERS

2 Eiweiß (L), raumtemperiert

•

¼ TL (1 ml) Weinsteinpulver

•

110 g Zucker

BACKOFEN AUF 120° VORHEIZEN

ELEKTRISCHES HANDRÜHRGERÄT

2 BACKBLECHE, AUSGELEGT MIT BACKPAPIER

1 In einer großen Schüssel die Eiweiße mit den Rührbesen des Handrührgeräts auf mittlerer Stufe schaumig schlagen. Weinsteinpulver zufügen und weiterschlagen, bis weiche Spitzen stehen bleiben. Bei laufendem Gerät esslöffelweise den Zucker einrieseln lassen – nehmen Sie sich dafür unbedingt 2–3 Minuten Zeit. Wenn der gesamte Zucker untergemixt ist, den Eischnee auf hoher Stufe noch etwa 3 Min. schlagen, bis er ganz fest ist und glänzt.

2 Eischnee mit einem Löffel in Abständen von etwa 3 cm in Kreisen von Ø 5 cm auf die vorbereiteten Bleche geben.

3 Die beiden Bleche im oberen bzw. unteren Drittel in den vorgeheizten Ofen schieben und die Baisers 1 Std. eher trocknen als backen, bis sie außen knusprig, aber innen noch etwas weich sind. Sie sollen keine Farbe annehmen und sich zuletzt mühelos von der Papierunterlage lösen. Den Backofen ausschalten, in die leicht geöffnete Tür einen Holzlöffel klemmen und die Baisers im Ofen mind. 1 Std. oder über Nacht auskühlen lassen.

TIPPS

Eier lassen sich am einfachsten trennen, wenn sie kalt sind, aber am besten aufschlagen, wenn sie Raumtemperatur angenommen haben (s. S. 15).

Die Eigelbe können Sie zum Beispiel für Baba de Camelo (s. S. 152) verwerten.

Die Baisers bleiben in einer luftdicht verschlossenen Dose bei Raumtemperatur bis zu 3 Tage frisch. Nicht im Kühlschrank lagern!

ERGIBT 12 STÜCK

Erinnern Sie sich noch, wie Sie sich als Kind von Ihrer Mutter inständig eine ganz bestimmte Süßigkeit wünschten? Nachdem Sie immer und immer wieder danach gefragt hatten, kam irgendwann die entnervte Antwort: »Wenn du groß bist und deine eigene Küche hast, kannst du [Namen der Süßigkeit einsetzen] machen, so oft du willst.« Okay, inzwischen bin ich groß, und deshalb mache ich mir jetzt diese Karamellsplitter, wann immer ich möchte.

KARAMELLSPLITTER

190 g Butterscotch Chips (siehe Tipps)

•

130 g feine Erdnussbutter

•

125 g Crunchy Chow Mein Noodles (siehe Tipps)

BACKBLECH, AUSGELEGT MIT BACKPAPIER

1 In einer großen mikrowellengeeigneten Schüssel Butterscotch Chips und Erdnussbutter in der Mikrowelle in 30-Sekunden-Intervallen schmelzen und dabei zwischendrin rühren, bis eine glatte Mischung entstanden ist. (Alternativ die Zutaten über dem Wasserbad schmelzen, s. S. 16.)

2 Nach und nach jeweils 1 Handvoll Chow-Mein-Nudeln dazugeben und leicht zerdrücken, um längere Nudeln zu zerkleinern. Durchmischen, bis alle Nudeln gleichmäßig überzogen sind.

3 Mit zwei Gabeln 12-mal jeweils etwa 2 EL (30 ml) der Masse aufnehmen und auf das vorbereitete Blech häufen. Dabei die Gabelzinken ganz tief in die Schüssel eintauchen, sodass jede aufgenommene Portion einen dicken Überzug bekommt.

4 Die Karamellsplitter bei Raumtemperatur in etwa 20 Min. fest werden lassen. Alternativ, falls es in der Küche ziemlich warm ist, für 10–15 Min. in den Kühlschrank stellen.

TIPPS

Die typisch amerikanischen Butterscotch Chips sind sahnige Karamelltropfen, die Sie wahrscheinlich nur über Onlineshops beziehen können. Geschmacklich lassen sie sich kaum ersetzen, am ehesten vielleicht durch hochwertige weiche Sahnetoffees. Andernfalls verwenden Sie statt der Butterscotch Chips Schokotropfen. Schokosplitter schmecken ja auch klasse!

Auch die knusprigen Chow-Mein-Nudeln (häufig aus der Dose wie von La Choy) sind bei Ihnen wahrscheinlich schwer zu bekommen. Wenn Sie im Internet nicht fündig werden, dann ersetzen Sie sie durch zerkleinerte Cornflakes.

In einer luftdicht verschlossenen Dose lassen sich die Karamellsplitter im Kühlschrank bis zu 1 Woche aufbewahren.

ERGIBT 24 STÜCK

Im Tiefkühlfach habe ich immer Wan-Tan-Teigblätter vorrätig. Ich brauche sie weniger, um die kleinen chinesischen Teigtaschen herzustellen, als vielmehr zum Backen. Denn erstens ergeben sie auf die Schnelle knusprige Böden für Tartelettes und zweitens bieten sie sich an als Kekse der anderen Art, ebenfalls knusprig, aber zur Abwechslung mal weniger süß. Nur kurz frittiert und federleicht, gehen sie weg wie die sprichwörtlichen warmen Semmeln.

ZITRONIGE WAN-TAN-KEKSE

12 TK-Wan-Tan-Teigblätter (etwa 8 × 8 cm; aus dem Asienladen), aufgetaut (siehe Tipps)

•

Raps-, Traubenkern- oder Erdnussöl

•

2 EL (30 g) Zitruszucker (s. S. 21)

WEITER, HOHER TOPF MIT SCHWEREM BODEN ZUM FRITTIEREN

ZUCKER-/FETTTHERMOMETER (NACH BELIEBEN)

HITZEFESTE KÜCHENZANGE

KUCHENGITTER, ÜBER EIN MIT KÜCHENPAPIER AUSGELEGTES BACKBLECH GESTELLT

1 Die Wan-Tan-Teigblätter jeweils diagonal einmal durchschneiden.

2 Den Topf zum Frittieren 5 cm hoch mit Öl füllen und das Öl bei mittlerer Hitze erwärmen, bis es Bläschen bildet und ein hineingegebenes kleines Teigstück sofort an die Oberfläche steigt (falls Sie ein Zucker-/Fettthermometer verwenden, sollte es 175° anzeigen).

3 Jeweils 3–4 Wan-Tan-Teigdreiecke vorsichtig ins heiße Öl gleiten lassen und 30 Sek. ausbacken. Mit einer Küchenzange wenden und in weiteren 15–30 Sek. goldbraun frittieren. Mit der Zange auf das vorbereitete Kuchengitter heben und die Wan Tans sofort mit je ½ TL (2,5 g) Zitruszucker bestreuen.

4 Auf diese Weise alle Teigdreiecke verarbeiten. Die Kekse genießen, solange sie warm und knusprig sind.

TIPPS

Die Wan-Tan-Teigblätter bei Raumtemperatur unter einem feuchten Geschirrtuch auftauen lassen, damit sie nicht trocken und brüchig werden.

Falls die Teigdreiecke irgendwann langsamer garen, muss das Öl 2–3 Min. lang stärker erhitzt werden. Ein kleines Probeteigstück zeigt an, ob die Temperatur wieder stimmt (siehe Step 2). Wenn umgekehrt die Teigdreiecke zu schnell garen oder sogar verbrennen, den Topf für 1–2 Min. vom Herd nehmen, um die Öltemperatur zu senken.

Am besten schmecken diese Kekse frisch zubereitet. Zur Aufbewahrung sind sie nicht geeignet.

KNABBEREIEN

Toffee-Happen Chicago Mix *52*

Haferflocken-Riegel *55*

Schoko-Mandel-Knusperriegel *56*

Granola-Riegel mit Mandelgeschmack *59*

Nuss-Nougat-Brownies *60*

Marshmallow-Choco-Puffs *63*

S'mores *64*

ERGIBT 16 STÜCK

Eine in den USA beliebte Popcornvariante namens Chicago Mix verbindet pikanten Cheddar mit süßem Karamell. Ich kann locker eine große Tüte davon allein verputzen. Daher beschloss ich, mir zur Schadensbegrenzung diese Happen in einer kleinen Backform selbst zu backen. Der Trick funktioniert aber nicht. Denn unweigerlich sind, wenn ich nur in die Nähe der Form komme, wieder ein, zwei Stück fällig.

TOFFEE-HAPPEN CHICAGO MIX

200 g Sahnetoffees

•

190 g Knusper-Fischli mit Käse

•

1 Dose gezuckerte Kondensmilch (400 g; z. B. Milchmädchen)

BACKOFEN AUF 180° VORHEIZEN

METALLBACKFORM (20 x 20 CM), AUSGEKLEIDET MIT BACKPAPIER (S. S. 12)

1 Sahnetoffees in etwa 5 mm große Stücke hacken.

2 Fischli in einen Gefrierbeutel mit Zipverschluss geben und den Beutel verschließen. Mit einem Teigroller oder Fleischklopfer etwa auf die Größe der Toffeestücke zerkleinern.

3 In einer großen Schüssel die Fischli und Toffeestücke vermengen und die Kondensmilch unterrühren.

4 Die Masse fest und gleichmäßig in die vorbereitete Form drücken.

5 Im vorgeheizten Ofen auf der mittleren Schiene 25–30 Min. backen, bis die Ränder goldbraun sind und es in der Mitte schön blubbert.

6 In der Form auf einem Kuchengitter auskühlen lassen. Erst danach herausheben – der überstehende Papierrand hilft dabei – und in quadratische Happen schneiden.

TIPP

In einer luftdicht verschlossenen Dose lassen sich die Toffee-Happen bei Raumtemperatur bis zu 1 Woche aufbewahren.

ERGIBT 16 STÜCK

Bei meiner Großtante Bess geriet dieses Gebäck immer wundervoll knusprig, aber es zerbröckelte jedes Mal, ganz gleich, wie fest wir die Masse in die Form gedrückt hatten. Wir saßen dann alle am Tisch, in der Mitte die noch heiße Form, und löffelten den Inhalt kurzerhand heraus. Dass wir uns dabei leicht den Gaumen verbrannten, spielte keine Rolle, dafür schmeckte es schlicht zu gut! In meiner abgewandelten Version erhitze ich die Butter und den Zucker, und so hält alles besser zusammen. Bis heute bin ich versucht, direkt drauflos zu löffeln, so wie früher eben. Aber nötig ist das ja nun nicht mehr.

HAFERFLOCKEN-RIEGEL

200 g zarte Haferflocken

•

115 g weiche gesalzene Butter

•

180 g brauner Rohrzucker

BACKOFEN AUF 180° VORHEIZEN

METALLBACKFORM (20 × 20 CM), AUSGEKLEIDET MIT BACKPAPIER (S. S. 12)

1 Haferflocken in eine mittelgroße Schüssel geben. Beiseitestellen.

2 In einem kleinen Topf die Butter mit dem Zucker unter ständigem Rühren bei mittlerer Hitze schmelzen und aufkochen, anschließend unter Rühren noch 1 Min. kochen lassen. Über die Haferflocken gießen und alles gut vermischen.

3 Die Masse fest und gleichmäßig in die vorbereitete Form drücken.

4 Im vorgeheizten Ofen auf der mittleren Schiene 20 Min. backen, bis es an den Rändern blubbert.

5 In der Form auf einem Kuchengitter 15 Min. abkühlen lassen. Mit einem Messer auf dem Hafergebäck 16 Quadrate markieren. Das Gebäck auskühlen lassen. Aus der Form heben – der überstehende Papierrand hilft dabei – und entlang den Markierungen in Stücke schneiden.

TIPPS

In einer luftdicht verschlossenen Dose lassen sich die Riegel bei Raumtemperatur bis zu 1 Woche aufbewahren.

Diese Riegel lassen sich sehr gut einfrieren, etwa um sie als Schulsnack zu verwenden. Dafür die Stücke einzeln in Frischhaltefolie wickeln, in einen Gefrierbeutel mit Zipverschluss geben und ins Tiefkühlfach packen. Bei Bedarf tiefgekühlte Riegel in die Lunchbox geben, und bis zur Pause sind sie dann aufgetaut.

ERGIBT 16 STÜCK

Gibt es Besseres als eine Süßigkeit, in der Schokolade und Mandeln oder Nüsse die Hauptrolle spielen? Ja, eine Süßigkeit aus Schokolade und Mandeln, die ohne Backen auskommt, in Minutenschnelle fertig ist und obendrein kaum Spülaufwand erfordert. Ein weiterer Bonus: Es werden nur drei Zutaten benötigt. Alles in allem beinahe unschlagbar, würde ich sagen.

SCHOKO-MANDEL-KNUSPERRIEGEL

285 g zartbittere Schokotropfen

•

130 g feines Mandelmus

•

120 g Cornflakes

METALLBACKFORM (20 × 20 CM), AUSGEKLEIDET MIT BACKPAPIER (S. S. 12)

1 In einer großen mikrowellengeeigneten Schüssel die Schokotropfen in der Mikrowelle auf hoher Stufe in 30-Sekunden-Intervallen erhitzen und dabei zwischendrin durchrühren, bis drei Viertel der Tropfen geschmolzen sind. Aus der Mikrowelle nehmen und weiter behutsam rühren, bis alle Tropfen geschmolzen sind. (Alternativ die Schokotropfen über dem Wasserbad schmelzen, s. S. 16.)

2 Mandelmus dazugeben und mit der Schokolade glatt rühren. Zuletzt die Cornflakes unterheben.

3 Die Masse fest und gleichmäßig in die vorbereitete Form drücken.

4 Zugedeckt im Kühlschrank in etwa 1 Std. fest werden lassen. Aus der Form heben – der überstehende Papierrand hilft dabei – und in Quadrate schneiden.

TIPPS

Das Mandelmus lässt sich durch Erdnussmus ersetzen.

In einer luftdicht verschlossenen Dose lassen sich die Riegel bei Raumtemperatur bis zu 1 Woche aufbewahren.

ERGIBT 8 STÜCK

In meiner Unizeit hatte ich eine Müsliriegelphase. Die Riegel waren von mir selbst gemacht, ich konnte sie gut mitnehmen, und sie hielten mich zwischen den Vorlesungen bei Kräften. Es gab aber einen Knackpunkt: Oft zerbröckelten sie, sodass ich sie nur mit einem Löffel essen konnte, den ich dafür aus der Cafeteria stibitzte. Die No-bake-Riegel hier behalten glücklicherweise ihre Form. Sie sind für mich die perfekte Stärkung für unterwegs, und außerdem muss ich nicht mehr klauen gehen.

GRANOLA-RIEGEL MIT MANDELGESCHMACK

250 g Granola (Knuspermüsli)

•

130 g feines Mandelmus

•

125 ml Bonbonsirup (Glukosesirup; aus dem Fachgeschäft für Backzubehör)

METALLBACKFORM (20 x 20 CM), AUSGEKLEIDET MIT BACKPAPIER (S. S. 12)

1 Granola in eine große Schüssel geben. Beiseitestellen.

2 In einem kleinen Topf Mandelmus und Sirup bei mittlerer Hitze unter ständigem Rühren erwärmen, bis die Mischung nach etwa 3 Min. flüssig und glatt ist. Sie soll warm sein, darf aber nicht kochen.

3 Die Mischung über das Granola gießen und alles gut vermengen.

4 Die Granola-Masse fest und gleichmäßig in die vorbereitete Form drücken. Zugedeckt im Kühlschrank in etwa 30 Min. fest werden lassen. Aus der Form heben – der überstehende Papierrand hilft dabei – und in Riegel schneiden.

TIPPS

Unterschiedliche Granola-Mischungen und Nussmuse (Cashewkerne, Erdnüsse oder auch Sonnenblumenkerne) bringen Abwechslung in die Riegel.

In einer luftdicht verschlossenen Dose lassen sich die Riegel im Kühlschrank bis zu 1 Woche aufbewahren.

ERGIBT 16 STÜCK

Meine Mutter hasst Nüsse in Brownies, ich dagegen liebe sie. Nicht der Geschmack ist ihr Problem, sondern die Konsistenz. Für sie hat Knackiges in Brownies nichts zu suchen. Dieses Rezept bietet den perfekten Kompromiss. Dank der Nuss-Nougat-Creme bekommt sie einen saftig-samtigen Brownie und ich das tolle Nussaroma. Nun, wo wir beide zufrieden sind, haben wir ein neues Problem: Wir müssen lernen zu teilen.

NUSS-NOUGAT-BROWNIES

750 g Nuss-Nougat-Creme

•

3 Eier (L), raumtemperiert

•

105 g Mehl

BACKOFEN AUF 180° VORHEIZEN

METALLBACKFORM (20 × 20 CM), AUSGEKLEIDET MIT BACKPAPIER (S. S. 12)

1 In einer großen Schüssel 450 g der Nuss-Nougat-Creme mit den Eiern und dem Mehl zu einem glatten Teig verrühren.

2 Den Teig gleichmäßig in die vorbereitete Form geben.

3 Im vorgeheizten Ofen auf der mittleren Schiene etwa 25 Min. backen, bis an einem in der Mitte eingestochenen Holzspieß beim Herausziehen nur noch einige kleine Teigreste kleben.

4 In der Form auf einem Kuchengitter auskühlen lassen. Anschließend aus der Form heben – der überstehende Papierrand hilft dabei – und die restliche Nuss-Nougat-Creme schwungvoll auf der Oberfläche verstreichen. Zuletzt in 16 Quadrate schneiden.

TIPP

In einer luftdicht verschlossenen Dose lassen sich die Brownies bei Raumtemperatur bis zu 4 Tage aufbewahren.

ERGIBT 16 STÜCK

Mit Marshmallow-Happen bin ich aufgewachsen. Sie waren süß und klebrig und schmeckten immer gleich. Bis meine Mutter sie eines Tages – und nur dieses einzige Mal – mit schokoladigen Marshmallows zubereitete. Ich war begeistert! Doch aus irgendeinem Grund waren die Schoko-Marshmallows nie wieder in unserem Lebensmittelgeschäft zu bekommen, und so kehrten wir zu unserem ursprünglichen Rezept zurück. Die sehnsüchtige Erinnerung an jenen Schokoladenkick aber blieb. Endlich machte es dann bei mir klick. Wenn die Schokoladennote nicht von den Marshmallows kommen kann, dachte ich, muss sie eben von den Cerealien kommen. Bingo, die Lösung!

MARSHMALLOW-CHOCO-PUFFS

60 g gesalzene Butter

•

270 g weiße Marshmallows

•

240 g Choco-Puffs (Frühstückscerealie)

METALLBACKFORM (20 × 20 CM), GEBUTTERT

1 In einer großen mikrowellengeeigneten Schüssel Butter und Marshmallows in der Mikrowelle auf hoher Stufe in 30-Sekunden-Intervallen erhitzen und dabei zwischendrin rühren, bis die Zutaten geschmolzen sind. (Alternativ die Butter in einem großen Topf auf dem Herd bei schwacher Hitze zerlassen. Marshmallows dazugeben und rühren, bis sie geschmolzen sind. Den Topf vom Herd nehmen.)

2 Choco-Puffs gleichmäßig untermischen.

3 Die Masse mit einem großen Löffel in die vorbereitete Form geben. Mit einem gebutterten Teigschaber fest zusammen- und dabei gleichmäßig flach drücken.

4 Auskühlen lassen. Anschließend mit einem scharfen Messer in 16 Quadrate schneiden.

TIPPS

Ihre Küche ist schnell wieder blitzsauber, wenn Sie vor Beginn der Zubereitung das Spülbecken mit heißem Spüliwasser füllen und, sobald die Marshmallow-Masse in der Form ist, Schüssel, Löffel und Teigschaber sofort ins Wasser geben. Nach rund 5 Min. lösen sich Reste der klebrigen Masse fast wie von selbst.

Am allerbesten schmecken diese Happen frisch zubereitet. Falls jedoch Reste bleiben, lassen sie sich in einer luftdicht verschlossenen Dose bei Raumtemperatur bis zu 3 Tage aufbewahren.

ERGIBT 4 STÜCK

Als Kind freute ich mich immer auf das Sommercamp: ein einwöchiges, sorgloses Vergnügen mit – als Höhepunkt – einmal Schlafen unter freiem Himmel. Das Abendessen war dabei stets dasselbe. Erst gab es Sloppy Joes, also Hackfleisch-Burger, und zum Nachtisch dann S'mores, die wir Kinder selbst zusammenbauten. Klar, dass mehr Schokotropfen auf der Erde landeten als in den klebrig süßen Sandwiches, und klar auch, dass wir uns entweder an der Glut des Lagerfeuers oder an den gerösteten Marshmallows die Finger verbrannten. Aber das Ganze war ein großartiges Abenteuer. Heute bereite ich die S'mores in einer gezähmten Version drinnen in meiner Küche zu. Doch in meiner Fantasie puste ich immer noch die Asche von den Graham Crackers und lecke die Alufolie ab, wenn gerade keiner zusieht.

S'MORES

2 Schokoriegel (je 50 g; siehe Tipp)

•

8 quadratische Graham Crackers (ersatzweise Vollkornbutterkekse)

•

4 große Marshmallows

BACKOFEN AUF 200° VORHEIZEN

BACKBLECH, AUSGELEGT MIT BACKPAPIER

1 Die Schokoriegel in insgesamt 4 Stücke zerteilen, die etwas kleiner als die Kekse sein sollten. 4 Kekse auf das vorbereitete Blech legen. Auf jeden Keks 1 Stück Schokoriegel und darauf 1 Marshmallow setzen.

2 Im vorgeheizten Ofen auf der mittleren Schiene 3–5 Min. backen, bis die Marshmallows aufgegangen und goldbraun sind.

3 Mithilfe eines Pfannenwenders die heißen S'more-Türmchen auf eine Servierplatte heben und mit je 1 Keks bedecken. Das Ganze behutsam zusammendrücken, sodass Marshmallow und Schokoriegel miteinander verschmelzen. Warm genießen.

TIPP

Bei den Schokoriegeln haben Sie freie Wahl. Weiße oder Vollmilchschokolade etwa sind genauso denkbar wie zum Beispiel Riegel mit einem Karamellkern.

KUCHEN, MUFFINS & MEHR

Zitrus-Mandel-Kuchen *68*

Irischer Früchtekuchen *71*

Gestürzter Ananaskuchen *72*

Zitronen-Ingwer-Parfaits *75*

Chocolate-Chip-Kühlschranktorte *76*

Weißer Schoko-Cheesecake *79*

Schokokuchen aus der Tasse *80*

Peanut Butter Mug Cake *81*

Nuss-Nougat-Tassenkuchen für zwei *82*

Himbeer-Eiscreme-Muffins *85*

Mandarinen-Muffins *86*

Bananen-Pancakes *87*

Buttermilch-Scones *88*

FÜR 10 PERSONEN

Zu einer Tasse heißem Tee bildet dieser schlichte Kuchen mit seiner saftigen und nicht zu süßen Art den perfekten Begleiter. Mit einem Klecks Crème Chantilly (s. S. 206) obendrauf ließe sich das Vergnügen noch steigern.

ZITRUS-MANDEL-KUCHEN

4 Eier (L), getrennt und raumtemperiert (siehe Tipps)

•

200 g Zitruszucker (s. S. 21)

•

150 g geschälte gemahlene Mandeln

BACKOFEN AUF 180° VORHEIZEN

ELEKTRISCHES HANDRÜHRGERÄT

RUNDE KUCHENFORM (Ø 20 CM), AUSGEKLEIDET MIT BACKPAPIER (S. S. 12)

1 In einer mittelgroßen Schüssel Eigelbe und Zitruszucker mit den Rührbesen des Handrührgeräts auf hoher Stufe in etwa 2 Min. hell und cremig schlagen. Gemahlene Mandeln gleichmäßig unterrühren. Die Rührbesen gut säubern und abtrocknen.

2 In einer großen Schüssel die Eiweiße mit dem Handrührgerät auf hoher Stufe zu steifem Schnee schlagen. Ein Drittel des Eischnees unter die Mandelmasse heben. Anschließend die Mandelmasse gleichmäßig unter den restlichen Eischnee ziehen. In die vorbereitete Form geben und glatt streichen.

3 Den Kuchen im vorgeheizten Ofen auf der mittleren Schiene 25–35 Min. backen, bis er oben goldbraun und fest ist.

4 In der Form auf einem Kuchengitter auskühlen lassen. Aus der Form lösen – der überstehende Papierrand hilft dabei –, in Stücke schneiden und servieren.

TIPPS

Eier lassen sich am einfachsten im kalten Zustand trennen, aber am besten aufschlagen, wenn sie raumtemperiert sind (s. S. 15). Trennen Sie die Eier, während Sie den Backofen vorheizen, dann haben die Eiweiße die ideale Temperatur erreicht, wenn es Zeit ist, den Eischnee zu schlagen.

In einem luftdicht verschlossenen Behälter lässt sich der Kuchen bei Raumtemperatur bis zu 3 Tage aufbewahren.

FÜR 8 PERSONEN

Kennengelernt habe ich diesen einfachen, kompakten Früchtekuchen durch eine irische Freundin, während ich in Australien lebte. So gesehen ist der Barm Brack, wie er in seiner ursprünglichen Heimat heißt, für mich eher ein Kosmopolit. In der Originalversion kommen Korinthen und Sultaninen hinein, die über Nacht in schwarzem Tee eingeweicht wurden. Ich verwende für ein intensiveres Fruchtaroma Orangensaft und einen Mix aus Trockenfrüchten.

IRISCHER FRÜCHTEKUCHEN

300 g gemischte Trockenfrüchte (siehe Tipps)

•

375 ml Orangensaft

•

210 g Mehl mit Backpulver und Salz (s. S. 19)

BACKOFEN AUF 140° VORHEIZEN

FEINMASCHIGES SIEB

KASTENFORM (23 x 13 CM), AUSGEKLEIDET MIT BACKPAPIER (S. S. 12)

1 In einer mittelgroßen Schüssel die Trockenfrüchte mit dem Orangensaft bedecken. Zugedeckt mind. 8 Std. oder über Nacht kalt stellen.

2 Die eingeweichten Früchte in einem feinmaschigen Sieb abtropfen lassen. Dabei den Saft in einer mittelgroßen Schüssel auffangen.

3 Das Mehl in eine große Schüssel geben. Früchte hinzufügen und gut untermischen. Aufgefangenen Saft dazugießen und alles nur kurz zu einem Teig verrühren. In die vorbereitete Form geben und glatt streichen.

4 Den Kuchen im vorgeheizten Ofen auf der mittleren Schiene 75–90 Min. backen, bis er goldbraun ist und an einem in der Mitte eingestochenen Holzspieß beim Herausziehen kein Teig mehr haftet.

5 In der Form auf einem Kuchengitter auskühlen lassen. Anschließend aus der Form heben – der überstehende Papierrand hilft dabei – und in 8 Stücke schneiden.

TIPPS

Ich verwende einen fertigen Trockenfrüchte-Mix aus Cranberrys, Heidelbeeren und Kirschen. Ebenso geeignet sind Rosinen und Korinthen sowie getrocknete Aprikosen und Datteln.

Anstelle der Kastenform können Sie auch eine runde Kuchenform (Ø 20 cm) verwenden.

In einem luftdicht verschlossenen Behälter lässt sich der Früchtekuchen bei Raumtemperatur bis zu 1 Woche aufbewahren.

FÜR 8 PERSONEN

Kuchen, belegt mit Ananasringen, aus deren Mitte rubinrote Cocktailkirschen hervorleuchten, waren der absolute Hit in den 1950er-Jahren und erleben derzeit ein Comeback. Um meine 3-Zutaten-Regel einzuhalten, lasse ich die Kirschen hier weg. Und weil ich ein bisschen faul bin, verwende ich keine Ananasringe, sondern bereits geschnittene Fruchtstücke aus der Dose. Mit ihnen bringe ich mehr Ananas auf und im Kuchen unter, und so entfaltet er Bissen für Bissen eine umwerfende, charakteristsch fruchtige Süße.

GESTÜRZTER ANANASKUCHEN

1 Dose Ananasstücke in Saft (560 g)

•

275 g Zucker

•

280 g Mehl mit Backpulver und Salz (s. S. 19)

BACKOFEN AUF 180° VORHEIZEN

FEINMASCHIGES SIEB

RUNDE KUCHENFORM (Ø 20 CM), GROSSZÜGIG GEBUTTERT

1 Die Ananasstücke in einem feinmaschigen Sieb über einer mittelgroßen Schüssel gut abtropfen lassen. Von dem aufgefangenen Saft 200 ml abmessen.

2 In einem mittelgroßen Topf 4 EL (55 g) Zucker mit etwa zwei Dritteln der Ananasstücke unter gelegentlichem Rühren bei mittlerer Hitze zum Köcheln bringen, dann 5–10 Min. köcheln lassen, bis die Mischung ein helles Bernsteingelb angenommen hat. Topfinhalt in die vorbereitete Form gießen und gleichmäßig in der Form verteilen.

3 In einer großen Schüssel Mehl und übrigen Zucker mischen. Restliche Ananasstücke und den aufgefangenen Saft dazugeben. Alles nur kurz, aber gleichmäßig vermengen.

4 Den Teig in die vorbereitete Form geben und glatt streichen. Darauf achten, dass die Ananasstücke gleichmäßig verteilt sind.

5 Den Kuchen im vorgeheizten Ofen auf der mittleren Schiene 50–60 Min. backen, bis an einem in der Mitte eingestochenen Holzspieß beim Herausziehen kein Teig mehr haftet.

6 In der Form auf einem Kuchengitter 10 Min. abkühlen lassen. Einen großen Teller umgedreht auf die Form legen. Das Ganze schwungvoll wenden und den Kuchen auf den Teller stürzen. Warm oder raumtemperiert servieren.

TIPP

Reste des Kuchens lassen sich in einem luftdicht verschlossenen Behälter bei Raumtemperatur bis zu 3 Tage aufbewahren.

Als vor grob gesagt 100 Jahren der – damals noch einfache – Eisschrank die Haushalte eroberte, wurde es möglich, bereits verzehrfertige Zubereitungen frisch zu halten. In der Folge traten, quasi als eine der frühen Formen des Convenience Food, Kühlschrankkuchen in endlosen Variationen ihren Siegeszug an. Bei diesen verwandeln sich knusprige Kekse zusammen mit einer sahnigen Creme in gaumenschmeichelnd weiche Süßspeisen. Auf dem gleichen Prinzip beruhen diese Parfaits, die, im Voraus in einzelne Gläser geschichtet, perfekt sind für ein Essen mit Gästen.

ZITRONEN-INGWER-PARFAITS

250 g Sahne (vorzugsweise 35 %), gut gekühlt (siehe Tipps)

•

160 g Lemon Curd (englische Zitronencreme)

•

19 runde Ingwerkekse (Ø etwa 5 cm)

ELEKTRISCHES HANDRÜHRGERÄT

6 GLÄSER (INHALT JE 125–190 ML, DER DURCHMESSER ETWAS GRÖSSER ALS DIE INGWERKEKSE)

1 Die kalte Sahne in einer mittelgroßen Schüssel mit den Rührbesen des Handrührgeräts auf hoher Stufe steif schlagen.

2 Den Lemon Curd in einer kleinen Schüssel glatt rühren. Dann 1 gehäuften EL der geschlagenen Sahne untermischen, anschließend die Curd-Mischung unter die restliche geschlagene Sahne ziehen.

3 Für die Parfaits in die einzelnen Gläser jeweils 1 EL (15 ml) Lemon-Curd-Sahne geben. Darauf 1 Keks legen und leicht andrücken. Darüber wieder 1 EL (15 ml) Lemon-Curd-Sahne geben und mit 1 Keks bedecken. Beide Schritte noch eimal wiederholen und auf den obersten (dritten) Keks erneut Lemon-Curd-Sahne geben.

4 Den noch übrigen Keks zerbröseln und die Parfaits mit den Bröseln bestreuen. Zugedeckt mind. 6 Std. oder auch bis zu 3 Tage kalt stellen. Die Kekse sollen am Ende schön weich sein. Gekühlt servieren.

TIPPS

Sahne lässt sich am besten steif schlagen, wenn sie gut gekühlt ist. Geben Sie daher bei größerer Wärme in der Küche die Schüssel und die Rührbesen für 10 Min. in den Kühlschrank und währenddessen die Sahne ins Tiefkühlfach.

Mit Frischhaltefolie abgedeckt, lassen sich die Parfaits bis zu 1 Monat einfrieren. Vor dem Servieren einfach über Nacht im Kühlschrank auftauen.

FÜR 8–10 PERSONEN

Für die Hochzeit meiner Schwester bereiteten wir 13 dieser Kühlschranktorten zu, eine für jeden Tisch. Zur Feier des Tages tränkten wir die Kekse großzügig mit irischem Sahnelikör, bevor wir sie abwechselnd mit Schichten geschlagener Sahne auftürmten. Hier folgt eine kindertaugliche Version des Hochzeitsdesserts, die auch ohne Alkohol bestimmt für gute Laune sorgt.

CHOCOLATE-CHIP-KÜHLSCHRANKTORTE

750 g Sahne (vorzugsweise 35 %), gut gekühlt

•

65 g Puderzucker

•

900 g Chocolate Chip Cookies (Ø 5 cm, insgesamt etwa 40 Stück)

ELEKTRISCHES HANDRÜHRGERÄT

SERVIERPLATTE ODER TORTENPLATTE MIT FUSS (Ø 25 CM)

1 Die kalte Sahne zusammen mit dem Puderzucker in einer großen Schüssel mit den Rührbesen des Handrührgeräts steif schlagen. Dabei auf kleiner Stufe beginnen und die Geschwindigkeit langsam bis zur höchsten Stufe steigern.

2 Auf der Servier- oder Tortenplatte 4 EL (60 ml) geschlagene Sahne kreisförmig verstreichen, dabei rundum einen 2,5 cm breiten äußeren Rand frei lassen. Die Sahneschicht in einer Lage mit Keksen (etwa 10) bedecken.

3 Ein Viertel der restlichen geschlagenen Sahne gleichmäßig auf der ersten Lage Kekse verstreichen. Eine zweite Lage Kekse darauf verteilen und mit Sahne überziehen. Auf diese Weise Kekse und Sahne übereinanderschichten, bis die vierte Lage Kekse erreicht ist. Mit einer letzten Schicht Sahne überziehen und diese glatt streichen. Einige übrige Kekse in einem Gefrierbeutel mit dem Teigroller zerbröseln und auf die Torte streuen. Falls immer noch Kekse übrig sind, knabbern Sie sie als Belohnung für Ihre gute Arbeit. Oder aber Sie zerbröseln sie ebenfalls und häufen sie auf Ihr Meisterwerk.

4 An den Rändern der Torte und in der Mitte einige Zahnstocher als Abstandhalter einstechen. Etwa 2,5 cm von den Zahnstochern sollten hervorstehen. Ein langes Stück Frischhaltefolie locker über die Torte breiten und die beiden Enden unter der Platte fixieren. Ein zweites langes Stück Frischhaltefolie über die noch unbedeckten Seiten der Torte breiten und die Enden erneut unter der Platte fixiren. Achten Sie darauf, dass die Folie nicht mit der Sahne in Kontakt kommt und nicht von den Zahnstochern durchbohrt wird. Die Torte mind. 6 Std. oder über Nacht in den Kühlschrank stellen. Die Kekse sollen am Ende schön weich sein.

TIPP

Reste der Torte lassen sich, wieder mit Folie abgedeckt, im Kühlschrank bis zu 3 Tage aufbewahren. Im Tiefkühlfach beträgt die Haltbarkeit bis zu 1 Monat.

FÜR 8 PERSONEN

In den Siebzigern, in denen ich groß wurde, waren No-bake-Cheesecakes auf der Basis von Frischkäse und einem Becher Cool Whip, einer Kunstsahne, in aller Munde. Immerhin etwas natürlicher ist diese Version, bei der Gesundheitsapostel dennoch ein Auge zudrücken mögen. Die weiße Schokolade sorgt hier sowohl für eine feine Süße als auch für Struktur.

WEISSER SCHOKO-CHEESECAKE

375 g Sahne (vorzugsweise 35 %), gut gekühlt

•

200 g weiße Schokolade, gehackt, plus 15 g für Schokospäne (nach Belieben)

•

250 g Doppelrahm-Frischkäse, gewürfelt, raumtemperiert

ELEKTRISCHES HANDRÜHRGERÄT

RUNDE KUCHENFORM (Ø 20 CM), AUSGEKLEIDET MIT BACKPAPIER (S. S. 12)

1 In einer mittelgroßen Schüssel die Sahne mit den Rührbesen des Handrührgeräts auf hoher Stufe steif schlagen. Zugedeckt bis zur Verwendung in den Kühlschrank stellen.

2 Gehackte Schokolade in einer großen mikrowellengeeigneten Schüssel in der Mikrowelle auf hoher Stufe in 15-Sekunden-Intervallen schmelzen, dabei zwischendrin durchrühren. (Alternativ die Schokolade über dem Wasserbad schmelzen, s. S. 16.)

3 Frischkäse zur Schokolade geben und die Zutaten mit dem Handrührgerät auf mittlerer Stufe in 1–2 Min. glatt rühren.

4 Geschlagene Sahne unter die Frischkäsemischung heben. Die Masse in der vorbereiteten Form verteilen und glatt streichen.

5 Den Cheesecake zugedeckt etwa 1 Std. im Kühlschrank fest werden lassen. Aus der Form heben – der überstehende Papierrand hilft dabei – und in Stücke schneiden. Nach Belieben mit Schokospänen (siehe Tipps) bestreuen.

TIPPS

Für dunklen Schoko-Cheesecake ersetzen Sie die weiße durch dunkle Schokolade (70 % Kakaoanteil).

Um feine Schokospäne zu erhalten, die Klinge eines scharfen Sparschälers an der Kante der Schokoladentafel entlangziehen.

Keine Schokoladentafel im Haus, aber dafür Schokotropfen? Dann sind Sie in diesem speziellen Fall aus dem Schneider, denn hier lässt sich die Schokolade ausnahmsweise mal durch Schokotropfen ersetzen.

Da es sich hier um einen No-bake-Cheesecake handelt, ist er weicher als seine gebackenen Pendants. Falls er sich nach 1 Std. im Kühlschrank noch nicht sauber schneiden lässt, geben Sie ihn für 30–60 Min. ins Tiefkühlfach.

Reste lassen sich zugedeckt im Kühlschrank bis zu 1 Woche aufbewahren.

FÜR 1 PERSON

Bei einem Kuchen im üblichen Format dauert es etwa eine Stunde, bis er gebacken ist. Bis dahin hat mein Trägheitsgen seine Wirkung getan, und die Gier ist geschwunden. Ganz anders verhält es sich mit Mug Cakes, denn die trendigen Tassenkuchen sind in Minutenschnelle genussbereit. Das ist gefährlich für mich, und ein Bremspedal habe ich bisher nicht gefunden!

SCHOKOKUCHEN AUS DER TASSE

1 Ei (L), raumtemperiert

•

35 g Puderzucker

•

2 EL (10 g) ungesüßtes Kakaopulver

MIKROWELLENGEEIGNETE BECHERTASSE (INHALT 250 ML)

1 Das Ei aufschlagen und zusammen mit Puderzucker und Kakaopulver direkt in der Bechertasse mit einem kleinen Schneebesen glatt rühren.

2 Den Becher in die Mikrowelle stellen und die Masse auf hoher Stufe 45 Sek. erhitzen, bis sich der Kuchen etwas vom Becherrand löst, oben trocken ist und auf leichten Daumendruck elastisch nachgibt. Andernfalls den Kuchen in 15-Sekunden-Intervallen noch weiterbacken.

3 Den fertigen Mug Cake 5 Min. abkühlen lassen und dann warm genießen.

TIPP

Die benötigte Zeit kann variieren, je nachdem, welches Mikrowellengerät Sie einsetzen und wie dickwandig (weil zum Beispiel handgetöpfert) der Becher ist. Sobald Sie nach einigen Versuchen die optimale Becher-Garzeit-Kombination ausgetüftelt haben, sollten Sie sich dazu unbedingt Notizen machen.

FÜR 1 PERSON

Falls Sie meine Peanut Butter Cookies (s. S. 28) mögen, erwartet Sie hier das gleiche Geschmackerlebnis – nur diesmal in Mini-Kuchenform. Ratzfatz fertig und unwiderstehlich.

PEANUT BUTTER MUG CAKE

1 Ei (L), raumtemperiert

•

3 EL (105 g) feine Erdnussbutter

•

2 EL (30 g) Zucker

MIKROWELLENGEEIGNETE BECHERTASSE (INHALT 375 ML)

1 Das Ei aufschlagen und zusammen mit Erdnussbutter und Zucker direkt in der Bechertasse mit einem kleinen Schneebesen glatt rühren.

2 Den Becher in die Mikrowelle stellen und die Masse auf hoher Stufe 60 Sek. erhitzen, bis sich der Kuchen etwas vom Becherrand löst, oben trocken ist und auf leichten Daumendruck elastisch nachgibt. Andernfalls den Kuchen in 15-Sekunden-Intervallen noch weiterbacken.

3 Den Mug Cake 10–15 Min. abkühlen und dabei etwas fest werden lassen. Warm genießen.

TIPPS

Wie viel fasst wohl Ihre Bechertasse? Füllen Sie sie mit Wasser, gießen Sie es dann in einen Messbecher, und schon haben Sie die genaue Antwort.

Damit der Kuchen gleichmäßig gart, wählen Sie einen hohen, runden Becher mit geraden Seiten. Bei einem eher weiten und niedrigen Becher könnte der Teig überlaufen, und bei einer konischen Form gart der untere Teil womöglich nicht richtig durch.

Im Grunde sind diese Tassenkuchen für zwei ja eine romantische Idee. Blöd nur, dass ich sie beide dann allein vertilge. Glücklicherweise aber machen Mug Cakes nicht viel Arbeit, und anschließend lassen sich die Spuren leicht verwischen.

NUSS-NOUGAT-TASSENKUCHEN FÜR ZWEI

1 Ei (L), raumtemperiert

•

200 g Nuss-Nougat-Creme

•

35 g Mehl

2 MIKROWELLENGEEIGNETE BECHERTASSEN (INHALT 375 ML)

1 Das Ei in eine kleine Schüssel aufschlagen, die Nuss-Nougat-Creme zufügen und alles mit einem Schneebesen glatt rühren. Das Mehl unterrühren, bis ein glatter Teig entstanden ist.

2 Den Teig gleichmäßig auf die beiden Becher verteilen.

3 Die Becher in die Mikrowelle stellen und den Teig auf hoher Stufe 1 Min. 15 Sek. erhitzen, bis sich die Kuchen etwas vom Becherrand lösen, oben trocken sind und auf leichten Daumendruck elastisch nachgeben. Andernfalls die Kuchen in 15-Sekunden-Intervallen noch weiterbacken.

4 Die Kuchen 10–15 Min. abkühlen und dabei etwas fest werden lassen. Warm genießen.

TIPPS

Damit der Kuchen gleichmäßig gart, wählen Sie einen hohen, runden Becher mit geraden Seiten. Bei einem eher weiten und niedrigen Becher könnte der Teig überlaufen, und bei einer konischen Form gart der untere Teil womöglich nicht richtig durch.

Größere Becher verringern das Risiko, dass der Teig über den Rand läuft. Sollten Ihre Becher nur etwa 250 ml fassen, stellen Sie sie in der Mikrowelle sicherheitshalber auf einen Teller.

ERGIBT 12 STÜCK

Beim Backen muss man mitunter spontan die Richtung wechseln, wie dieses Rezept zeigt. Ursprünglich hatte ich einen einfachen Kastenkuchen mit Himbeeren geplant, doch dabei übertrieb ich es mit der Fruchtmenge. Folglich war der fertig gebackene Kuchen zwar außen trocken, wie es sich gehört, aber innen matschig, weil der Teig zu viel Flüssigkeit enthielt. Entschlossen wechselte ich meine Strategie, und der Erfolg gab mir Recht. Die Muffins bestechen mit frischen, nicht zu süßen Beerenaromen.

HIMBEER-EISCREME-MUFFINS

500 ml Vanilleeis (siehe Tipps)

•

140 g Himbeeren, TK-Früchte aufgetaut

•

210 g Mehl mit Backpulver und Salz (s. S. 19)

BACKOFEN AUF 180° VORHEIZEN

12ER-MUFFINFORM, AUSGEKLEIDET MIT LEICHT GEFETTETEN PAPIERFÖRMCHEN

1 In einer mittelgroßen Schüssel die Eiscreme 10–20 Min. antauen, bis sie weich, aber nicht flüssig ist. Das angetaute Eis glatt rühren.

2 Von den Himbeeren 12 Früchte beiseitelegen.

3 In einer zweiten mittelgroßen Schüssel die restlichen Himbeeren mit dem Mehl mischen, bis die Früchte gleichmäßig überzogen sind. Das Ganze unter die Eiscreme rühren.

4 Mit einem Löffel die vorbereiteten Papierförmchen in den Muffinmulden gleichmäßig mit Teig füllen. In die Mitte jeweils 1 Himbeere setzen.

5 Die Muffins im vorgeheizten Ofen auf der mittleren Schiene etwa 25 Min. backen, bis sie zart gebräunt sind und an einem in der Mitte eingestochenen Holzspieß beim Herausziehen kein Teig mehr haftet.

6 In der Form auf einem Kuchengitter auskühlen lassen.

TIPPS

Verwenden Sie für dieses Rezept eine Eiscreme mit hohem Fettanteil und Zuckergehalt. Kein gutes Ergebnis erzielen Sie mit Frozen Joghurt, fettreduzierten Produkten oder solchen mit synthetischen Süßstoffen. Wenn Sie die Packung in die Hand nehmen, sollte sie sich schwer anfühlen. Das zeigt Ihnen, dass Sie keine »Luftnummer« kaufen.

Variieren Sie dieses Rezept mit Schokoladeneis (auch hier: kein Light-Produkt).

In einem luftdicht verschlossenen Behälter lassen sich die Muffins im Kühlschrank bis zu 3 Tage aufbewahren.

ERGIBT 12 STÜCK

Ich mag diese Muffins sehr. Achten Sie beim Einfüllen des Teigs in die Muffinform darauf, dass in jedem Papierförmchen in etwa gleich viele Mandarinenstücke landen. Der Zitruszucker unterstreicht das charakteristische Fruchtaroma, Sie können aber auch normalen Zucker verwenden.

MANDARINEN-MUFFINS

2 Dosen Mandarinen in Saft (je 300 g)

•

200 g Zitruszucker (s. S. 21)

•

280 g Mehl mit Backpulver und Salz (s. S. 19)

BACKOFEN AUF 180° VORHEIZEN

12ER-MUFFINFORM, AUSGEKLEIDET MIT LEICHT GEFETTETEN PAPIERFÖRMCHEN

1 Die Mandarinen über einer Schüssel in einem feinmaschigen Sieb abtropfen lassen (den Saft aufbewahren). Anschließend die Mandarinensegmente je nach Größe in 3–4 Stücke schneiden.

2 In einer großen Schüssel Zitruszucker und Mehl mischen. Die Mandarinenstücke mit dem Saft dazugeben und untermischen, bis die Stücke gleichmäßig überzogen sind.

3 Mit einem Löffel die vorbereiteten Papierförmchen in den Muffinmulden gleichmäßig mit Teig füllen.

4 Die Muffins im vorgeheizten Ofen auf der mittleren Schiene 20–25 Min. backen, bis an einem in der Mitte eingestochenen Holzspieß beim Herausziehen kein Teig mehr haftet.

5 Muffins in der Form auf einem Kuchengitter auskühlen lassen.

TIPPS

Falls Sie keinen Zitruszucker vorrätig haben, können Sie stattdessen 220 g Zucker mit der fein abgeriebenen Schale von 1 Bio-Orange mischen.

In einem luftdicht verschlossenen Behälter lassen sich die Muffins im Kühlschrank bis zu 3 Tage aufbewahren.

ERGIBT 8 STÜCK

Dass Ihnen etwas super gelungen ist, erkennen Sie, wenn Ihr/e Partner/in sich nach einer ersten Kostprobe immer wieder in die Küche stiehlt mit der Begründung: »Mal nachschauen, ob alles in Ordnung ist«. Diese einfachen Pancakes sind im Nu fertig und damit ideal für das Frühstück, einen Brunch oder auch für jene Abende, an denen Sie am liebsten frühstücken würden. Übrigens: Die Butter für die Pfanne zählt natürlich nicht als vierte Zutat …

BANANEN-PANCAKES

1 mittelgroße reife Banane, Fruchtfleisch zerdrückt

•

2 Eier (L), raumtemperiert

•

70 g Mehl mit Backpulver und Salz (s. S. 19)

GROSSE PFANNE MIT ANTIHAFT-BESCHICHTUNG, GEBUTTERT

1 In einer mittelgroßen Schüssel die zerdrückte Banane und die Eier glatt rühren. Das Mehl unterziehen, bis es gerade eben eingearbeitet ist.

2 Die Pfanne bei mittlerer Hitze erwärmen. Portionsweise jeweils 2 EL (30 ml) Pancake-Teig in die heiße Pfanne geben, dabei auf ausreichenden Abstand zwischen den Teigportionen achten, und die Pancakes etwa 2 Min. backen, bis sich Blasen bilden und die Ränder trocken aussehen. Wenden und etwa 2 Min. weiterbacken, bis die Pancakes durchgegart und goldbraun sind. Restlichen Teig genauso zu Pancakes verarbeiten. Dabei nach Bedarf weitere Butter in die Pfanne geben und die Temperatur regulieren.

3 Die Pancakes warm mit Toppings Ihrer Wahl genießen.

TIPPS

Reife Bananen leisten in diesem Rezept perfekte Dienste. Sollten Sie zu viele von ihnen haben, um alle auf einmal zu verbrauchen, hier mein Tipp zur Verwertung: Bananen zerdrücken, in Gefrierbeutel mit Zipverschluss geben, die Luft aus den Beuteln streichen und auf einem Etikett das Datum sowie den Inhalt vermerken. Im Tiefkühlfach hält sich das Bananenpüree bis zu 2 Monate.

Übrig gebliebene Pancakes lassen sich eingewickelt im Kühlschrank bis zu 5 Tage und im Tiefkühlfach bis zu 3 Monate aufbewahren. Tiefgefrorene Pancakes können Sie einfach im Toaster aufwärmen.

ERGIBT 12 STÜCK

Unser Weihnachtsfrühstück verlangt nach dampfend heißen Scones. Sie dürfen auf keinen Fall vom Vortag stammen und dürfen nicht einmal ein paar Stunden alt sein. Da ist meine Familie ganz streng, und ich bin die Zeremonienmeisterin. Hier präsentiere ich eine vereinfachte Version unseres Rezepts. Das Geheimnis liegt in der Buttermilch und wie man den Teig faltet.

BUTTERMILCH-SCONES

280 g Mehl mit Backpulver und Salz (s. S. 19)

•

115 g kalte gesalzene Butter

•

250 g Buttermilch (siehe Tipps)

BACKOFEN AUF 220° VORHEIZEN

BACKBLECH, AUSGELEGT MIT BACKPAPIER

1 Das Mehl in eine große Schüssel geben. Die kalte Butter auf der groben Seite einer Vierkantreibe zügig darüberraspeln. Alles gleichmäßig vermengen.

2 Die Buttermilch über die Mehlmischung gießen und rühren, bis das Mehl die Milch weitgehend aufgesogen hat.

3 Den Schüsselinhalt auf eine bemehlte Arbeitsfläche geben. Mit den Händen zu einem Teigrechteck von etwa 25 × 13 cm flach drücken. Von der Schmalseite her einmal zusammenfalten. Die Teigplatte etwas flach drücken, um 90 Grad drehen, erneut zusammenfalten und wieder flach drücken. Die beschriebene Schrittfolge insgesamt 5–6-mal wiederholen. Zuletzt den Teig zu einer 2 cm dicken Platte flach drücken und in 12 Quadrate schneiden. Die Teigstücke in Abständen von etwa 3 cm auf das vorbereitete Blech legen.

4 Im vorgeheizten Ofen auf der mittleren Schiene 12–15 Min. backen, bis die Scones locker aufgegangen und goldgelb sind. Sofort servieren.

TIPPS

Sollten Sie keine Buttermilch im Haus haben, säuern Sie stattdessen einfach Milch wie folgt: In einen Messbecher 1 EL (15 ml) Branntweinessig geben. Bis zur 250-ml-Marke Milch in den Messbecher gießen. Umrühren und 5 Min. ruhen lassen.

Ganz frisch aus dem Ofen schmecken die Scones am allerbesten. Man kann sie aber auch backfertig vorbereiten. Dafür die zugeschnittenen Teigstücke auf einem mit Backpapier belegten Blech vorgefrieren. Anschließend in einen Gefrierbeutel mit Zipverschluss geben und bis zu 3 Monate einfrieren. Vor dem Backen auf einem mit Backpapier ausgelegten Blech bei Raumtemperatur antauen, während der Ofen auf 220° vorgeheizt wird. Schließlich die Scones in 15–20 Min. goldgelb backen.

FEINGEBÄCK, PIES & TARTES

Erdbeer-Windräder *93*

Blätterteig-Diamanten mit Beerenfüllung *94*

Apfelrosen *97*

Banoffee-Dreiecke *98*

Schweinsohren *101*

Brie-Heidelbeer-Päckchen *102*

Mini-Baklavas *103*

Birnen-Mandel-Pies *104*

Eccles Cakes *106*

Karamell-Apfel-Tartes *107*

Kirsch-Mandel-Törtchen *109*

ERGIBT 4 STÜCK

Diese hübschen Gebäckstücke erinnern an Dänischen Plunder, bestehen allerdings im Gegensatz zu diesem aus Blätterteig. Die geflügelte Form wirkt vielleicht kompliziert, doch mit nur einigen gezielten Schnitten ist sie schnell hergestellt. Keine Täuschungsmanöver erwarten Sie in puncto Geschmack: Er ist genauso köstlich, wie das Aussehen verheißt.

ERDBEER-WINDRÄDER

2 EL (30 g) Doppelrahm-Frischkäse, raumtemperiert

•

2 EL (30 ml) Erdbeerkonfitüre

•

225 g Blätterteig (1 Teigplatte von 25 × 25 cm), TK-Teig aufgetaut

BACKOFEN AUF 190° VORHEIZEN

BACKBLECH, AUSGELEGT MIT BACKPAPIER

1 In einer kleinen Schüssel den Frischkäse mit 1 EL (15 ml) Erdbeerkonfitüre glatt rühren. Beiseitestellen.

2 Den Blätterteig auf einer leicht bemehlten Arbeitsfläche ausbreiten und bei Bedarf mit einem scharfen Messer oder Pizzaschneider auf die Größe von 25 × 25 cm zuschneiden. Achten Sie dabei auf gerade Teigkanten. Anschließend die Teigplatte in 4 Quadrate (Kantenlänge 12,5 cm) schneiden. In Abständen von mind. 5 cm auf das vorbereitete Blech legen.

3 Auf jedes Teigquadrat in die Mitte jeweils ein Viertel des Erdbeerfrischkäses geben und zu einem Kreis von Ø 5 cm verstreichen.

4 Mit einem Messer oder kleinen Teigrad die Quadrate von jeder Teigecke aus in Richtung Mitte bis zum Rand der Frischkäsemasse einschneiden. Jeweils die rechten Ecken zur Mitte hin klappen, sodass eine Windmühle entsteht, und die Teigspitzen dabei leicht in die Frischkäsemasse drücken. In die Mitte, also wo sich die Teigspitzen treffen, jeweils ein Viertel der restlichen Erdbeerkonfitüre geben.

5 Die Windräder im vorgeheizten Ofen auf der mittleren Schiene in 15–20 Min. goldbraun backen. Aus dem Ofen nehmen und noch warm genießen.

TIPP

Nach Belieben können Sie gleich die doppelte Menge Windräder backen – aber bitte nicht auf Vorrat, da sie frisch aus dem Ofen am besten schmecken. Falls doch einige übrig bleiben, können Sie sie bis zum nächsten Tag in einem luftdicht verschlossenen Behälter im Kühlschrank aufbewahren und dann in dem auf 120° vorgeheizten Ofen 10–15 Min. aufbacken.

ERGIBT 8 STÜCK

Dem Foto rechts nach zu urteilen könnte man befürchten, man müsste Teigstreifen kunstvoll zu Schleifen binden. Doch das Ganze ist halb so wild! Folgen Sie einfach der Anleitung Schritt für Schritt, und plötzlich geht alles quasi wie von selbst.

BLÄTTERTEIG-DIAMANTEN MIT BEERENFÜLLUNG

80 g Heidelbeeren, TK-Früchte aufgetaut

•

2 EL (30 ml) Himbeerkonfitüre

•

2 × 225 g Blätterteig (2 Teigplatten von je 25 × 25 cm), TK-Teig aufgetaut

BACKOFEN AUF 190° VORHEIZEN

BACKBLECH, AUSGELEGT MIT BACKPAPIER

1 In einer mittelgroßen Schüssel Heidelbeeren und Himbeerkonfitüre vermengen. Beiseitestellen.

2 Die Blätterteigplatten auf einer leicht bemehlten Arbeitsfläche ausbreiten und bei Bedarf mit einem scharfen Messer oder Pizzaschneider auf die Größe von 25 × 25 cm zuschneiden. Achten Sie dabei auf gerade Teigkanten. Anschließend die Platten in je 4 Quadrate (Kantenlänge 12,5 cm) schneiden.

3 Ein erstes Teigquadrat zu einem Dreieck falten und das Dreieck mit der Spitze nach oben legen. In das Dreieck ein zweites Dreieck schneiden, aber so, dass dessen Spitze geschlossen bleibt. Dafür im Abstand von etwa 1 cm von der Außenkante entfernt den Teig entlang der Kante bis etwa 1 cm unterhalb der Spitze des Teigdreiecks durchschneiden. Dann die zweite Seite genauso durchschneiden, aber die Spitze oben geschlossen halten. Das Teigstück auf das vorbereitete Blech legen und auseinanderfalten. Es besteht jetzt aus einem äußeren und einem inneren Quadrat, das wiederum zwei sich gegenüberliegende durchgeschnittene Ecken und zwei sich gegenüberliegende geschlossene Ecken hat.

4 Das Teigquadrat mit einer der durchgeschnittenen Ecken nach oben legen und zu einer Raute falten. Dafür die obere Ecke des äußeren Quadrats aufnehmen und nach unten auf die gegenüberliegende Ecke des inneren Quadrats legen. Dann die untere Ecke des äußeren Quadrats aufnehmen und nach oben auf die gegenüberliegende Ecke des inneren Quadrats legen. Fertig ist die Rautenform mit zwei »Schleifen«. In die Mitte 1 EL (15 ml) der Beerenmischung geben. Die restlichen Blätterteigquadrate genauso zu Rauten verarbeiten und mit Beerenmischung füllen. Die Blätterteig-Diamanten in Abständen von mind. 5 cm auf das Backblech legen.

5 Im vorgeheizten Ofen auf der mittleren Schiene 18–20 Min. backen, bis die Diamanten goldbraun sind und die Beerenfüllung ein wenig blubbert.

6 Das Blech auf ein Kuchengitter setzen und die Blätterteig-Diamanten etwas abkühlen lassen. Nach Belieben warm oder raumtemperiert genießen. Am besten schmecken die Blätterteig-Diamanten frisch zubereitet. Sollten welche übrig bleiben, lassen sie sich in einem luftdicht verschlossenen Behälter bei Raumtemperatur bis zu 1 Tag aufbewahren.

TIPPS

Wählen Sie eine rotschalige und festfleischige Apfelsorte, die beim Garen nicht so schnell zerfällt, etwa Gala, Fuji oder Pink Lady.

Übrig gebliebene Apfelscheiben knabbern Sie einfach so oder mischen sie ins Müsli.

Am besten schmecken diese Pasteten am Tag ihrer Zubereitung. Falls welche übrig bleiben, lassen sie sich in einem luftdicht verschlossenen Behälter bei Raumtemperatur bis zu 1 Tag aufbewahren. Nach Belieben in der Muffinform oder auf einem Backblech in dem auf 120° vorgeheizten Ofen auf der mittleren Schiene 10 Min. aufbacken.

ERGIBT 6 STÜCK

Für diese hübschen Pastetchen wird es garantiert Komplimente geben. Ganz wichtig ist es, die Apfelscheiben dünn zu schneiden und so lange zu garen, bis sie weich und biegsam sind. Der Rest ist überraschend einfach. Aber das dürfen Sie auf keinen Fall Ihren Gästen verraten, andernfalls bietet sich vielleicht niemand mehr als Spülhilfe an vor lauter Begeisterung über dieses Dessert.

APFELROSEN

4 EL (60 ml) Himbeerkonfitüre

•

2 rotschalige Äpfel, halbiert, entkernt und quer in 2 mm dicke halbmondförmige Scheiben geschnitten (siehe Tipps links)

•

225 g Blätterteig, TK-Teig aufgetaut

BACKOFEN AUF 190° VORHEIZEN

12ER-MUFFINFORM

1 In einem mittelgroßen Topf die Konfitüre mit 2 EL (30 ml) Wasser bei mittlerer Hitze zum Kochen bringen, dabei gelegentlich umrühren. Den Topf vom Herd nehmen.

2 Apfelscheiben in die heiße Konfitüre geben und behutsam darin wenden.

3 Den Topf wieder aufsetzen. Äpfel bei mittlerer Hitze unter gelegentlichem Rühren etwa 2 Min. dünsten, bis die Scheiben biegsam sind, ohne zu brechen. Vom Herd nehmen.

4 Auf einer leicht bemehlten Arbeitsfläche den Blätterteig ausbreiten, einmal zusammenfalten und zu einem Rechteck von 30 x 24 cm ausrollen. Dann die Teigplatte in 6 Streifen von jeweils 4 cm Breite schneiden.

5 Mit einer Gabel oder Küchenzange die Apfelscheiben einzeln aus der Konfitüre nehmen und den Überschuss abschütteln. Am linken Ende jedes Teigstreifens je 1 Scheibe so auf die obere Längsseite legen, dass die rote Schale wie ein Bogen übersteht und die untere Hälfte des Streifens frei bleibt. Auf diese Weise auf jedem Teigstreifen insgesamt 8 Apfelscheiben dachziegelartig anordnen, die Scheiben sollen sich also ein wenig überlappen.

6 Die belegten Teigstreifen in Längsrichtung vorsichtig aufrollen, damit die Apfelscheiben möglichst nicht verrutschen. Den unteren, nicht gefüllten Teig (den »Rosenstiel«) von jeder Rose fest zusammendrücken und unter der Rose umknicken. Die 6 Rosen jeweils in eine Muffinmulde setzen. Eventuell verschobene »Blütenblätter« zurechtrücken und die Rosen mit der restlichen Konfitüre bestreichen.

7 Im vorgeheizten Ofen auf der mittleren Schiene 40–45 Min. backen, bis der Teig goldgelb und die Äpfel schön weich sind. In der Form auf einem Kuchengitter 10 Min. ruhen lassen. Mit einem stumpfen Messer herausheben und warm servieren.

ERGIBT 8 STÜCK

Eine simple Banane lockt mich nicht wirklich hinter dem Ofen hervor. Wäre sie aber mit Schokolade und Karamell gekrönt und dann in Blätterteig gehüllt, dann wäre ich sicher dabei. Hier kommt nun meine vereinfachte Interpretation jenes englischen Klassikers, der sich als Banoffee Pie einen Namen gemacht hat: ein Kuchen mit Keksbasis, auf die Karamell, Bananenscheiben, geschlagene Sahne und Schokolade kommen. Die Sahne fällt bei mir weg, und ich nehme mit Karamell gefüllte Schokolade. Doch natürlich spräche nichts dagegen, zuletzt etwas Crème Chantilly (s. S. 206) aufzuklecksen.

BANOFFEE-DREIECKE

225 g Blätterteig (1 Teigplatte von 25 × 25 cm), TK-Teig aufgetaut

•

1 kleine reife Banane, quer in 8 Scheiben von 1 cm Dicke geschnitten

•

8 Schokopralinen mit Karamellkern, z. B. von Rolo (siehe Tipps)

BACKOFEN AUF 220° VORHEIZEN

BACKBLECH, AUSGELEGT MIT BACKPAPIER

1 Den Blätterteig auf einer leicht bemehlten Arbeitsfläche ausbreiten und bei Bedarf mit einem scharfen Messer oder Pizzaschneider auf die Größe von 25 × 25 cm zuschneiden. Achten Sie dabei auf gerade Teigkanten. Anschließend die Teigplatte in 4 Quadrate (Kantenlänge 12,5 cm) schneiden. Jedes Teigquadrat diagonal halbieren, sodass 8 Dreiecke entstehen.

2 Auf jedes Teigdreieck leicht versetzt zur Mitte 1 Bananenscheibe und darauf 1 Schokopraline geben. Dann den Teig jeweils so über die Füllung schlagen, dass wieder ein Dreieck entsteht. Die beiden offenen Teigränder mit den Zinken einer Gabel einkerben und damit verschließen. Teigdreiecke in Abständen von 5 cm auf das vorbereitete Blech legen.

3 Die Banoffee-Dreiecke im vorgeheizten Ofen auf der mittleren Schiene 12–15 Min. backen, bis sie goldgelb sind. Auf einem Kuchengitter etwas abkühlen lassen und servieren, solange die Füllung noch warm ist.

TIPPS

Die mit Karamell gefüllten Schokopralinen müssen nicht unbedingt aus dem obersten Preissegment stammen. Falls Sie aber darauf Wert legen, will ich Sie nicht bremsen.

Diese kleinen Leckerbissen sollte man bald genießen, nachdem sie den Ofen verlassen haben. Rechnen Sie den voraussichtlichen Bedarf daher vor der Zubereitung gut durch.

ERGIBT 24 STÜCK

Wohl jeder kennt sie, ob als Schweinsohren, Schweineohren oder Schweinsöhrchen. So oder so, begeistern sie stets mit ihrer knusprigen, einfach unwiderstehlichen Art.

SCHWEINSOHREN

110 g Zucker plus Zucker nach Bedarf

•

225 g Blätterteig, TK-Teig aufgetaut

•

60 g dunkle Schokolade (70 % Kakaoanteil), gehackt

BACKOFEN AUF 190° VORHEIZEN

2 BACKBLECHE, AUSGELEGT MIT BACKPAPIER

KUCHENGITTER, AUF EIN STÜCK BACKPAPIER GESTELLT

GEFRIERBEUTEL MIT ZIPVERSCHLUSS

1 Eine saubere Arbeitsfläche mit der Hälfte des Zuckers bestreuen. Den Blätterteig darauf ausbreiten und mit weiterem Zucker bestreuen. Teigplatte einmal zusammenfalten, wieder mit Zucker bestreuen und dann zu einem Rechteck von 30 × 20 cm ausrollen. Dabei nach Bedarf weiteren Zucker auf die Arbeitsfläche oder den Teig streuen, falls dieser klebrig wird.

2 Beide Längsseiten des Teigstücks so zur Mitte hin falten, dass eine 1 cm breite Lücke bleibt. Dann eine Teighälfte entlang der Lücke auf die andere legen (als würden Sie ein Buch schließen). So entsteht ein Teigstrang aus vier Lagen, der etwa 5 cm breit und 30 cm lang ist. Behutsam andrücken, um seine Form zu fixieren.

3 Den Teigstrang mit einem scharfen Messer quer in 1 cm dicke Scheiben schneiden und die unregelmäßig geformten Endstücke des Strangs wegwerfen. Die Schweinsohren mit den Schnittflächen in Zucker drücken und in Abständen von mind. 5 cm auf das vorbereitete Blech legen.

4 Im vorgeheizten Ofen auf der mittleren Schiene 12–18 Min. backen, bis die Schweinsohren in der Mitte durchgegart und an den Rändern goldgelb sind. Auf das vorbereitete Kuchengitter geben und auskühlen lassen.

5 In einer mittelgroßen mikrowellengeeigneten Schüssel die Schokolade in der Mikrowelle auf hoher Stufe in 30-Sekunden-Intervallen erhitzen und dabei zwischendrin durchrühren, bis etwa drei Viertel der Schokolade geschmolzen sind. Aus der Mikrowelle nehmen und behutsam weiterrühren, bis die gesamte Schokolade geschmolzen ist. (Alternativ die Schokolade über dem Wasserbad schmelzen, s. S. 16.) Abkühlen lassen, bis sie nur noch lauwarm, aber noch flüssig ist.

6 Die Schokolade in einen Gefrierbeutel mit Zipverschluss gießen und den Beutel verschließen. Den Beutel über das Gebäck halten und mit einer Schere unten eine kleine Ecke abschneiden. Die Schokolade behutsam aus dem Beutel drücken und kreuz und quer über die Schweinsohren spritzen. Die Schokolade vor dem Servieren fest werden lassen.

ERGIBT 8 STÜCK

In der Weihnachtszeit werde ich immer reichlich mit exquisiten Konfitüren und feinem Käse beschenkt. Ich zeige mich dafür erkenntlich, indem ich mit diesen Delikatessen leckere Appetithappen für Gäste zubereite. Oft sind es die Schenkenden selbst, die sich dann mit Begeisterung darüber hermachen. Mir schwant, hinter diesen weihnachtlichen Zuwendungen steckt womöglich System.

BRIE-HEIDELBEER-PÄCKCHEN

2 × 225 g Blätterteig (2 Teigplatten von je 25 × 25 cm), TK-Teig aufgetaut

•

90 g Brie, in 8 etwa 1 cm große Würfel geschnitten

•

3 EL (45 ml) Heidelbeerkonfitüre (siehe Tipps)

BACKOFEN AUF 190° VORHEIZEN

12ER-MUFFINFORM

1 Auf einer leicht bemehlten Arbeitsfläche 1 Blätterteig ausbreiten und bei Bedarf mit einem scharfen Messer oder Pizzaschneider auf die Größe von 25 × 25 cm zuschneiden. Anschließend die Teigplatte in 4 Quadrate (Kantenlänge 12,5 cm) schneiden.

2 Eine Muffinmulde mit 1 Teigquadrat auskleiden. In die Mitte 1 Käsestück und darauf etwa 1 TL (5 ml) Heidelbeerkonfitüre geben. Die vier Teigecken über der Füllung zusammenführen und fest zusammendrücken.

3 Schritt 2 mit den restlichen 3 Teigquadraten wiederholen. Dann die zweite Blätterteigplatte genauso verarbeiten. So ergeben sich insgesamt 8 Päckchen.

4 Im vorgeheizten Ofen auf der mittleren Schiene 20–25 Min. backen, bis die Päckchen goldbraun sind.

5 Die Päckchen in der Form auf einem Kuchengitter 5 Min. auskühlen lassen. Erst dann aus den Mulden lösen und warm servieren.

TIPPS

Statt Heidelbeerkonfitüre können Sie ebenso eine andere Konfitüre oder auch ein Gelee verwenden. Für einen pikanten Geschmack wäre ein scharfes rotes Paprika-Chili-Gelee denkbar.

Die Päckchen lassen sich in einem luftdicht verschlossenen Behälter im Kühlschrank bis zu 3 Tage aufbewahren.

Wärmen Sie die Päckchen nicht in der Mikrowelle auf, denn so wird der Teig matschig. Stattdessen erwärmen Sie sie 10–15 Min. auf der mittleren Schiene in dem auf 120° vorgeheizten Backofen.

ERGIBT 15 STÜCK

Wer hat's erfunden, das Baklava? Die Streitereien darüber zwischen Griechenland und der Türkei nehmen kein Ende, zudem melden einige Regionen Russlands Urheberrechte an. Ich habe Variationen mit Mandeln, Pistazien und Walnüssen gekostet, ich habe Baklava dampfend heiß und getränkt in Sirup auf den Tisch gebracht, aber auch Versionen, die kalt und trocken bis hin zu ganz bröckelig waren. Das hier vorgestellte Rezept lehnt sich an das Original an, ist allerdings unkomplizierter. Außerdem verwendet es in Relation zum Teig ziemlich viele Nüsse. Das sind zwei große Vorteile – ganz unbestritten.

MINI-BAKLAVAS

15 vorgebackene Mini-Schalen aus Filoteig (siehe Tipps), ersatzweise Mini-Blätterteigpasteten oder -tartelettes

•

150 g gesalzene Nussmischung, sehr fein gehackt (siehe Tipps)

•

180 g Honig (siehe Tipps)

BACKOFEN AUF 180° VORHEIZEN

1 Die Filoteigschalen nebeneinander auf ein Backblech setzen.

2 In einer kleinen Schüssel fein gehackte Nüsse und Honig mischen.

3 Die Teigschalen gleichmäßig mit der Nuss-Honig-Mischung füllen.

4 Die Baklavas etwa 10 Min. auf der mittleren Schiene im vorgeheizten Ofen backen, bis der Honig blubbert und die Nüsse aromatisch duften.

5 Das Blech auf ein Kuchengitter setzen und die Baklava-Schälchen leicht abkühlen lassen. Warm oder raumtemperiert servieren.

TIPPS

Falls Sie keine Mini-Schalen aus Filoteig bekommen, können Sie sie ohne allzu großen Aufwand auch selbst zubereiten: 1 Blatt Filoteig von 46 × 30 cm auf der Arbeitsfläche ausbreiten und mit Raps-, Oliven- oder Traubenkernöl bestreichen. Ein zweites Teigblatt darauflegen und ebenfalls mit Öl einpinseln. Die Blätter von der Längsseite her einmal zusammenfalten, sodass ein vierlagiges Teigblatt von 46 × 15 cm entsteht. Mit einem scharfen Messer oder Pizzaschneider 15 Quadrate (Kantenlänge 6 cm) ausschneiden. Die Reststücke anderweitig verwenden. 15 Mulden einer Mini-Muffinform mit den Filoteigquadraten auskleiden. In dem auf 180° vorgeheizten Ofen auf der mittleren Schiene in 5–7 Min. goldgelb backen. In der Form auf einem Kuchengitter auskühlen lassen.

Sie können jede beliebige Nussmischung verwenden, aber besonders gut eignet sich ein Mix aus Mandeln, Walnüssen und Pistazien.

Der Honig muss flüssig sein, damit er die Nussstückchen gleichmäßig überzieht. Falls er zu fest ist, erhitzen Sie ihn in einer kleinen mikrowellengeeigneten Schüssel in der Mikrowelle auf hoher Stufe in 10-Sekunden-Intervallen und rühren dabei wiederholt um, bis er flüssig ist.

In einem luftdicht verschlossenen Behälter lassen sich die Baklavas bei Raumtemperatur bis zu 3 Tage aufbewahren.

ERGIBT 4 STÜCK

Mit ihrer Füllung aus Obst und Mandelmus geben diese kleinen Pasteten eigentlich ein köstliches Frühstück ab. Statt morgens zum Kaffee schmecken sie aber auch hervorragend als Dessert zum Abschluss des Abendessens.

BIRNEN-MANDEL-PIES

2 × 225 g Blätterteig (2 Teigplatten von je 25 × 25 cm), TK-Teig aufgetaut

•

120 g Mandelmus

•

2 kleine reife Birnen

BACKOFEN AUF 190° VORHEIZEN

BACKBLECH, AUSGELEGT MIT BACKPAPIER

1 Auf einer leicht bemehlten Arbeitsfläche 1 Blätterteig ausbreiten und bei Bedarf mit einem scharfen Messer oder Pizzaschneider auf die Größe von 25 × 25 cm zuschneiden. Achten Sie dabei auf gerade Teigkanten. Anschließend die Teigplatte in 4 Quadrate (Kantenlänge 12,5 cm) schneiden und diese in Abständen von mind. 5 cm auf das vorbereitete Blech legen. Zweite Teigplatte genauso vorbereiten und in Quadrate schneiden, aber nicht aufs Blech legen.

2 Aus den Teigquadraten auf der Arbeitsfläche in der Mitte jeweils einen Kreis von Ø 10 cm ausstechen (die Teigkreise anderweitig verwenden). Die Ränder der ausgestochenen Teigquadrate mit etwas Wasser anfeuchten. Jeweils 1 Quadrat mit der angefeuchteten Seite nach unten auf 1 Quadrat auf dem Blech legen und die Ränder rundherum leicht andrücken.

3 In der Mitte der Quadrate jeweils ein Viertel (30 g) vom Mandelmus verstreichen.

4 Birnen schälen, längs halbieren, Stielansatz und Kerngehäuse entfernen. Die vier Birnenhälften mit der Schnittfläche nach unten auf ein Küchenbrett legen und jede Hälfte längs in schmale Spalten schneiden. Da die Birnenhälften am Ende aber noch zusammenhalten sollen, beginnen Sie mit dem Schnitt erst etwa 1 cm unterhalb des Stielansatzes. Birnenhälften durch sanften Druck mit der Handfläche ein wenig auffächern und mit den Schnittflächen nach unten jeweils auf das Mandelmus der Teigquadrate legen.

5 Die Pies im vorgeheizten Ofen auf der mittleren Schiene 18–20 Min. backen, bis sie goldgelb und die Birnen weich sind.

6 Auf dem Blech etwas abkühlen lassen und dann warm genießen.

TIPP

Am besten schmecken diese Pies am Tag ihrer Zubereitung. Falls welche übrig bleiben, bewahren Sie sie über Nacht in einem luftdicht verschlossenen Behälter auf.

ERGIBT 4 STÜCK

Zu den süßen Favoriten meiner Kindheit zählten Eccles Cakes aus der Bäckerei. Ihr Name hörte sich für mich total lustig an. Außerdem liebte ich es, die Zuckerstückchen oben von dem Gebäck abzuklauben. Vor allem aber war ich fasziniert von den »Baby-Rosinen«, die aus dem Teig hervorlugten. Meine Mutter betonte immer wieder, es seien Korinthen und keine Rosinen, doch damit stieß sie bei mir, die ich ganz vernarrt war in die »Baby-Früchte«, auf taube Ohren. Heute existiert die Bäckerei nicht mehr, und ich kann Eccles Cakes nirgendwo sonst finden. Also muss ich mir meine eigenen machen. Und übrigens hatte meine Mutter natürlich recht: Es sind Korinthen, die in die Füllung gehören.

ECCLES CAKES

75 g Korinthen

•

50 g Zitruszucker (s. S. 21) plus 1 EL (15 ml) zum Bestreuen

•

225 g Blätterteig, TK-Teig aufgetaut

BACKOFEN AUF 220° VORHEIZEN

BACKBLECH, AUSGELEGT MIT BACKPAPIER

1 In einem kleinen Topf Korinthen mit 50 g Zitruszucker und 1 TL (5 ml) Wasser mischen und bei mittlerer Hitze unter gelegentlichem Rühren aufkochen. Vom Herd nehmen und auf Raumtemperatur abkühlen lassen.

2 Den Blätterteig auf einer leicht bemehlten Arbeitsfläche ausbreiten und 4 Kreise von Ø 12,5 cm ausstechen. Teigreste anderweitig verwenden.

3 In die Mitte jedes Teigkreises ein Viertel der Korinthenmischung geben und die Teigränder mit etwas Wasser anfeuchten. Die Ränder der Teigkreise in der Mitte so zusammenführen, dass die Füllung vollständig umschlossen ist, und sorgfältig zusammendrücken. Die Päckchen mit der »Nahtseite« nach unten in Abständen von 5 cm auf das vorbereitete Blech legen. Mit angefeuchteten Handflächen die Päckchen behutsam flach drücken, sodass die Korinthen durch den Teig hindurchschimmern, dieser aber nicht reißt. Die Eccles Cakes mit dem zusätzlichen Zitruszucker bestreuen, dann in die Oberseiten mit einem scharfen Messer jeweils 2–3 kleine parallele Schlitze schneiden, damit beim Backen der Dampf austreten kann.

4 Die Eccles Cakes im vorgeheizten Ofen auf der mittleren Schiene in 15–20 Min. goldbraun backen.

5 Das Blech auf ein Kuchengitter setzen und die Eccles Cakes darauf abkühlen lassen. Warm oder raumtemperiert genießen.

TIPP

In einem luftdicht verschlossenen Behälter lassen sich die Eccles Cakes bei Raumtemperatur bis zu 3 Tage aufbewahren.

ERGIBT 4 STÜCK

Obstkuchen finde ich immer klasse. Was ich allerdings nicht an ihm schätze, ist die lange Wartezeit, bis er fertig gebacken ist, und mehr noch die bange Frage, ob der Boden am Ende möglicherweise matschig ist. Meine Ungeduld hat keine Chance bei diesen schnellen Karamell-Apfel-Tartes, die obendrein dank ihres verlässlich leichten, knusprigen Bodens auch mein Selbstvertrauen stärken.

KARAMELL-APFEL-TARTES

225 g Blätterteig (1 Teigplatte von 25 × 25 cm), TK-Teig aufgetaut

•

6 EL (90 ml) Dulce de Leche (s. S. 14 und Tipps)

•

1 fester Apfel, halbiert, entkernt und quer in 2 mm dicke Scheiben geschnitten (siehe Tipps)

BACKOFEN AUF 190° VORHEIZEN

BACKBLECH, AUSGELEGT MIT BACKPAPIER

1 Den Blätterteig auf einer leicht bemehlten Arbeitsfläche ausbreiten und bei Bedarf mit einem scharfen Messer oder Pizzaschneider auf die Größe von 25 × 25 cm zuschneiden. Achten Sie dabei auf gerade Teigkanten. Anschließend die Teigplatte in 4 Quadrate (Kantenlänge 12,5 cm) schneiden. Mit einem scharfen Messer in die Teigquadrate 1 cm vom Rand entfernt jeweils ein weiteres Quadrat ritzen und die Teigstücke in Abständen von mind. 5 cm auf das vorbereitete Blech legen.

2 Je 1 EL (15 ml) Dulce de Leche innerhalb der eingeritzten Quadrate auf dem Teig verstreichen. Darauf die Apfelscheiben dekorativ und ein wenig überlappend anordnen.

3 Restliche Dulce de Leche in eine kleine mikrowellengeeignete Schüssel geben. In der Mikrowelle auf hoher Stufe in 10-Sekunden-Intervallen erhitzen, bis die Creme dickflüssig und gießfähig ist, dabei zwischendrin durchrühren. Die warme Creme mithilfe einer Gabel gleichmäßig über die Apfelscheiben träufeln.

4 Die Tartes im vorgeheizten Backofen auf der mittleren Schiene 20–25 Min. backen, bis sie aufgegangen und gebräunt sind und die Äpfel weich sind.

5 Das Blech auf ein Kuchengitter setzen und die Tartes darauf 5–10 Min. abkühlen lassen. Warm genießen.

TIPPS

Falls Sie Dulce de Leche nicht bekommen können, nehmen Sie eine dickflüssige Karamellsauce.

Für diese Tartes eignet sich jede Apfelsorte, die beim Garen nicht so schnell zerfällt, wie etwa Boskoop, Granny Smith, Fuji oder Gala.

Sie können das Rezept einfach verdoppeln. Vergessen Sie aber nicht, dass die Tartes frisch gebacken am besten schmecken und nicht auf Vorrat zubereitet werden sollten. Reste lassen sich in einem luftdicht verschlossenen Behälter im Kühlschrank bis zum nächsten Tag aufbewahren.

ERGIBT 12 STÜCK

Gegensätze ziehen sich ja bekanntlich an. Hier erweisen sich weiche Konfitüre und knackige Mandeln als ideales Paar, das für reizvolle Kontraste sorgt. Weiter heißt es, Liebe macht blind – das Herz jedenfalls macht, was es will. Im Falle dieser Törtchen macht mein Mund, was er will.

KIRSCH-MANDEL-TÖRTCHEN

12 kleine rohe TK-Tarteletteböden in Aluförmchen (insgesamt etwa 250 g; siehe Tipps)

•

240 g Kirschkonfitüre

•

30 g Mandelstifte

BACKOFEN AUF 190° VORHEIZEN

1 Die Tarteletteböden in ihren Förmchen auf ein Backblech stellen.

2 Jeweils etwa 1 EL (15 ml) Kirschkonfitüre hineingeben, dann gleichmäßig mit Mandelstiften bestreuen.

3 Die Törtchen im vorgeheizten Ofen auf der mittleren Schiene 15–20 Min. backen, bis sie goldgelb sind und die Konfitüre ein wenig blubbert.

4 Die Törtchen auf einem Kuchengitter abkühlen lassen. Nach Belieben noch ein wenig warm oder raumtemperiert servieren.

TIPPS

Bei uns kann man tiefgekühlte rohe Mini-Teigböden kaufen, die backfertig in Aluförmchen sitzen und vor der Verwendung nicht aufgetaut werden müssen. Sollte es Vergleichbares bei Ihnen nicht geben, können Sie frischen süßen Mürbeteig aus dem Kühlregal des Supermarkts kaufen und damit die Mulden einer 12er-Muffinform auskleiden.

In einem luftdicht verschlossenen Behälter lassen sich die Tartelettes bei Raumtemperatur bis zu 3 Tage aufbewahren.

SCHOKOLADE

Schokoladige Peanut Butter Cups *112*

Bruchschokolade marmoriert *115*

Weihnachtskonfekt mit Pistazien und Cranberrys *116*

Schoko-Erdbeeren *119*

Himbeeren mit Schokofüllung *120*

Mousse au Chocolat ohne Ei und Sahne *121*

Schnelle Mousse au Chocolat *122*

Schokoterrine *125*

Trüffelpralinen aus karamellisierter weißer Schokolade *126*

Trüffelpralinen mit Haselnüssen *129*

ERGIBT 12 STÜCK

Am Tag nach Halloween ging früher unter uns Kindern immer das große Süßigkeitentauschen los. Schokoriegel waren dabei Gold wert, und wenn dann noch Erdnüsse in irgendeiner Form im Spiel waren, hatte man super Karten. In Erinnerung an eines der begehrtesten Beutestücke in meiner Halloween-Tüte von einst habe ich diese Erdnussbutterpralinen kreiert. Aber ich warte mit ihrer Zubereitung nicht erst bis Oktober, denn in meiner Familie finden sie zu jeder Jahreszeit bereitwillige Abnehmer.

SCHOKOLADIGE PEANUT BUTTER CUPS

225 g dunkle Schokolade (70 % Kakaoanteil), gehackt

•

65 g feine Erdnussbutter

•

Meersalzflocken

MINI-MUFFINFORM, AUSGEKLEIDET MIT 12 MINI-MUFFIN-PAPIERFÖRMCHEN AUS FETTDICHTEM, BACKFESTEN PAPIER ODER ALUMINIUM

1 In einer mittelgroßen mikrowellengeeigneten Schüssel die Schokolade in der Mikrowelle auf hoher Stufe in 30-Sekunden-Intervallen erhitzen und dabei zwischendrin durchrühren, bis etwa drei Viertel der Schokolade geschmolzen sind. Aus der Mikrowelle nehmen und behutsam weiterrühren, bis die gesamte Schokolade geschmolzen ist. (Alternativ die Schokolade über dem Wasserbad schmelzen, s. S. 16.) In die Papierförmchen je 1½ TL (7 ml) Schokolade gießen. Restliche Schokolade beiseitestellen (siehe Tipps). Die Mini-Muffinform für etwa 10 Min. ins Tiefkühlfach stellen, bis die Schokoböden ausgehärtet sind.

2 In die Mitte jedes Schokobodens 1 TL (5 ml) Erdnussbutter geben. Sie darf aber nicht mit dem Förmchenrand in Berührung kommen (siehe Tipps). Die Erdnussbutter mit jeweils etwa 1½ TL (7 ml) der übrigen flüssigen Schokolade überziehen und dabei darauf achten, dass eine flache Oberseite entsteht. Jede Praline mit 1 Prise Meersalzflocken bestreuen.

3 Die Peanut Butter Cups mind. 10 Min. in den Kühlschrank stellen, bis die Schokolade fest geworden ist. Erst danach genießen.

TIPPS

Muffinförmchen aus Papier sind zwar in schicken Farben und mit hübschen Mustern erhältlich, würden allerdings wahrscheinlich reißen, wenn man sie von der Schokolade abzieht. Um diesen Stresstest von vornherein zu umgehen, greifen Sie zu Förmchen aus stabilem fettdichtem, backfestem Papier oder aus Aluminium.

Eventuell muss die restliche Schokolade zum Überziehen der Pralinen noch einmal verflüssigt werden. Dafür gibt man sie erneut in die Mikrowelle und schmilzt sie unter mehrmaligem Rühren auf hoher Stufe in 15-Sekunden-Intervallen.

Falls die Erdnussbutter beim Einfüllen am Messlöffel kleben bleibt, streifen Sie sie mit einem kleinen Löffel, einem sehr kleinen Teigschaber oder mit der Spitze eines Tafelmessers ab.

In einem luftdicht verschlossenen Behälter lassen sich die Peanut Butter Cups im Kühlschrank bis zu 2 Wochen aufbewahren.

ERGIBT ETWA 700 G

Dunkle und weiße Schokolade fügen sich hier zu einem faszinierenden Marmormuster. Was überaus raffiniert, aber vielleicht auch kompliziert aussieht, liegt indes locker im Bereich des Machbaren. Ob Sie die Bruchschokolade auf einem Teller Gästen präsentieren oder aber als Geschenk verpacken: Komplimente sind Ihnen gewiss.

BRUCHSCHOKOLADE MARMORIERT

340 g dunkle Schokolade (70 % Kakaoanteil), in 5 mm große Stücke gehackt

•

340 g weiße Schokolade (mind. 30 % Kakaobutteranteil), in 5 mm große Stücke gehackt

•

Meersalzflocken

BACKBLECH MIT HOHEM RAND, AUSGELEGT MIT BACKPAPIER

1 Von der gehackten dunklen und weißen Schokolade jeweils ein Viertel (85 g) in separaten kleinen Schüsseln beiseitestellen.

2 In einer mittelgroßen mikrowellengeeigneten Schüssel die restliche dunkle Schokolade in der Mikrowelle auf hoher Stufe in 30-Sekunden-Intervallen erhitzen und dabei zwischendrin durchrühren, bis sie geschmolzen ist. (Alternativ die Schokolade über dem Wasserbad schmelzen, s. S. 16.) Sofort die beiseitegestellte gehackte dunkle Schokolade hinzufügen und rühren, bis sie ebenfalls geschmolzen ist und schön glänzt.

3 In einer zweiten mittelgroßen mikrowellengeeigneten Schüssel die übrige weiße Schokolade in der Mikrowelle auf hoher Stufe in 15-Sekunden-Intervallen erhitzen und dabei zwischendrin durchrühren, bis sie geschmolzen ist. Weiße Schokolade schmilzt übrigens schneller als dunkle. (Alternativ die Schokolade über dem Wasserbad schmelzen, s. S. 16.) Sofort die beiseitegestellte gehackte weiße Schokolade hinzufügen und rühren, bis sie ebenfalls geschmolzen ist und schön glänzt.

4 Die dunkle Schokolade gleichmäßig auf das vorbereitete Blech gießen. Darüber in Zickzacklinien von einer Seite zur anderen die weiße Schokolade gießen. Jetzt einen Teigschaber im Zickzack von oben nach unten durch beide Schokoladenschichten ziehen, sodass ein lebhaftes Marmormuster entsteht. Die noch flüssige Schokolade mit Meersalzflocken bestreuen.

5 Bei Raumtemperatur mind. 1 Std. oder über Nacht fest werden lassen. Bei größerer Wärme in der Küche das Blech für etwa 10 Min. in den Kühlschrank stellen. Die Bruchschokolade ist ausreichend erstarrt, wenn man sie auf der Backpapierunterlage anheben kann, ohne dass sie sich in der Mitte durchbiegt. Zuletzt die Schokolade in Stücke brechen.

TIPPS

Tipps zum Kauf von Schokolade und wie man sie vor dem Schmelzen zerkleinert finden Sie auf Seite 16.

In einem luftdicht verschlossenen Behälter und kühl gelagert lässt sich die Bruchschokolade bis zu 2 Wochen aufbewahren.

ERGIBT 12 STÜCK

Ohne jede Lebensmittelfarbe zaubern das rot und grün getupfte weiße Konfekt festliches Flair auf den Weinachtsteller. Eine unregelmäßige Form ist hier durchaus erwünscht, und deshalb können auch schon die Kleinen bei der Zubereitung gut mitmachen. Wenn die Kinder in den USA in der Nacht vom 24. auf den 25. Dezember für Santa Claus Milch und Cookies bereitstellen, freut er sich sicher auch über ein paar dieser Leckereien.

WEIHNACHTSKONFEKT MIT PISTAZIEN UND CRANBERRYS

4 EL (40 g) geröstete Pistazienkerne

4 EL (40 g) getrocknete Cranberrys

225 g weiße Schokolade, gehackt

BACKBLECH, AUSGELEGT MIT BACKPAPIER

1 Je 12 Pistazienkerne und Cranberrys in separaten kleinen Schüsseln zum späteren Garnieren beiseitestellen.

2 Restliche Pistazienkerne und Cranberrys getrennt voneinander hacken.

3 In einer mittelgroßen mikrowellengeeigneten Schüssel die weiße Schokolade in der Mikrowelle auf hoher Stufe in 15-Sekunden-Intervallen erhitzen und dabei zwischendrin durchrühren, bis sie geschmolzen ist. (Alternativ die Schokolade über dem Wasserbad schmelzen, s. S. 16.) Gehackte Pistazienkerne und Cranberrys unter die flüssige Schokolade ziehen.

4 Mit einem Löffel 12 gleich große Portionen mit einigem Abstand zueinander auf das vorbereitete Backblech häufen. Obendrauf je 1 Pistazie und 1 Cranberry geben.

5 Das Konfekt bei Raumtemperatur auskühlen lassen.

TIPPS

Weiße Schokolade nimmt schnell Fremdaromen an. Deshalb darf das Konfekt auf keinen Fall zusammen mit anderen Süßigkeiten aufbewahrt werden.

An einem kühlen Platz lässt es sich in einem luftdicht verschlossenen Behälter bis zu 2 Wochen aufbewahren.

ERGIBT 12 STÜCK

Ähnlich gesellig wie ein Fondue kommt dieses Dessert zugleich meinem Hang zur Bequemlichkeit entgegen. Denn ich muss die Erdbeeren nicht selbst im Vorfeld schokolieren. Das übernehmen die Gäste, indem sie die aufgespießten Früchte durch die flüssige Schokolade ziehen. Wie üppig der Überzug ausfällt, bleibt ihnen dabei genauso überlassen wie die Entscheidung für vornehmlich Weiß oder doch eher Herb und Dunkel.

SCHOKO-ERDBEEREN

12 große Erdbeeren (siehe Tipps)

•

175 g dunkle Schokolade (70 % Kakaoanteil), gehackt

•

175 g weiße Schokolade (mind. 30 % Kakaobutter-anteil), gehackt

12 HOLZ- ODER BAMBUSSPIESSE

1 Jede Erdbeere durch den Blütenkelch zu etwa drei Vierteln auf 1 Holzspieß stecken; die Erdbeeren also nicht durchstechen. Beiseitelegen.

2 In einer mittelgroßen mikrowellengeeigneten Schüssel die dunkle Schokolade in der Mikrowelle auf hoher Stufe in 30-Sekunden-Intervallen erhitzen und dabei zwischendrin durchrühren, bis sie geschmolzen ist. (Alternativ die Schokolade über dem Wasserbad schmelzen, s. S. 16.) Beiseitestellen.

3 In einer zweiten mittelgroßen mikrowellengeeigneten Schüssel die weiße Schokolade in der Mikrowelle auf hoher Stufe in 15-Sekunden-Intervallen erhitzen und dabei zwischendrin durchrühren, bis sie geschmolzen ist. Übrigens: Weiße Schokolade schmilzt schneller als dunkle. (Alternativ die Schokolade über dem Wasserbad schmelzen, s. S. 16.)

4 Sobald die weiße Schokolade geschmolzen ist, die dunkle Schokolade auf einen Teller gießen. Dann sofort die weiße Schokolade in Zickzacklinien darübergießen.

5 Den Schokoladenteller und die Erdbeerspieße sofort servieren, damit jeder Gast seine Erdbeeren selbst durch die flüssige, teils dunkle und teils weiße Schokolade ziehen kann.

TIPPS

Die Erdbeeren kurz unter kaltem Wasser abbrausen und anschließend sehr sorgfältig trocken tupfen. Wasserreste würden bewirken, dass die Schokolade klumpt.

Am besten schmecken die Erdbeeren, wenn sie ganz frisch mit Schokolade überzogen sind. Sollten bereits schokolierte Erdbeeren übrig bleiben, legt man sie auf Backpapier, bis die Schokolade erstarrt ist. Anschließend die Früchte auf Küchenpapier in einem luftdicht verschlossenen Behälter bis zu 2 Tage im Kühlschrank aufbewahren.

ERGIBT ETWA 36 STÜCK

Mein Vater ist kein Fan von Schokolade. Wenn sie aber mit Himbeeren kombiniert wird – etwa in Obstkuchen, Cookies oder Eiscreme –, sieht die Sache schon anders aus. Kein Halten hingegen gibt es für ihn bei dieser Kombination. Zugegeben, die kleinen Beeren zu füllen erfordert etwas Geduld, doch die lohnt sich! Seit ich in der Testphase ein paar (Dutzend) der Früchtchen vernascht habe, bin ich mittlerweile fest davon überzeugt, dass Himbeeren für genau diese Art der Zubereitung erschaffen wurden. Sie sollten einen Selbstversuch machen!

HIMBEEREN MIT SCHOKOFÜLLUNG

30 g dunkle Schokolade (70 % Kakaoanteil), gehackt

•

1 TL (5 ml) Sahne (vorzugsweise 35 %)

•

125 g frische Himbeeren (etwa 36 Stück), geputzt

GEFRIERBEUTEL MIT ZIPVERSCHLUSS

MINI-MUFFINFORM (SIEHE TIPPS)

1 Die Schokolade zusammen mit der Sahne in einer kleinen mikrowellengeeigneten Schüssel in der Mikrowelle auf hoher Stufe in 15-Sekunden-Intervallen erhitzen und dabei zwischendrin durchrühren, bis die Schokolade geschmolzen ist. (Alternativ die Schokolade in der Sahne über dem Wasserbad schmelzen, s. S. 16.) Auf Raumtemperatur abkühlen lassen.

2 Die flüssige Schokolade in einen Gefrierbeutel mit Zipverschluss gießen und diesen verschließen. Mit einer Schere unten eine ganz kleine Ecke abschneiden. Die geöffnete Ecke in eine Himbeere einführen und behutsam auf den Beutel drücken, bis die Beere gefüllt ist. Die Himbeere mit der Öffnung nach oben in eine Mulde der Mini-Muffinform setzen (je nach Größe der Beeren passen mehrere in eine Mulde). Die restlichen Himbeeren mit der übrigen Schokolade genauso füllen. Die Muffinform für etwa 20 Min. in den Kühlschrank stellen, bis die Schokofüllung fest geworden ist.

TIPPS

Anstelle einer Mini-Muffinform können Sie genauso eine normale Muffinform verwenden. Füllen Sie die Mulden so dicht, dass sich die Himbeeren gegenseitig aufrecht halten, ohne dass die empfindlichen Früchte dabei jedoch zerdrückt werden.

Übrig gebliebene Himbeeren mit Schokofüllung lassen sich in einem luftdicht verschlossenen Behälter im Kühlschrank bis zu 2 Tage aufbewahren.

FÜR 4 PERSONEN

Die Beziehung zwischen Wasser und Schokolade ist kompliziert. Gelangt nur ein Tropfen Wasser in schmelzende Schokolade, kann es leicht passieren, dass sie klumpt oder grießig wird. Gibt man hingegen eine Menge Wasser hinzu, wird Schokolade kooperativ und gerät herrlich seidig. Es war Hervé This, ein französischer Chemiker und Pionier der Molekularküche, der als Erster eine milch- und eifreie Mousse au Chocolat entwickelte. Ich habe sein Rezept übernommen, es aber mit einer Prise Chipotle-Chilipulver angereichert, weil ich Dinge nun mal gern verkompliziere. Falls Sie Chilischärfe nicht mögen, dann lassen Sie sie weg! Wünschen Sie vielleicht etwas Extravaganz obendrauf? Dann probieren Sie Crème Chantilly (s. S. 206). Egal, wie Sie sich entscheiden, das Ergebnis wird Sie begeistern. Verblüffend einfach und schlichtweg gut.

MOUSSE AU CHOCOLAT OHNE EI UND SAHNE

1 EL (15 ml) Salz

•

225 g dunkle Schokolade (70 % Kakaoanteil), gehackt

•

1/8 TL Chipotle-Chilipulver

EISWÜRFEL

BACKBLECH MIT HOHEM RAND, AUSGELEGT MIT EINEM GESCHIRRTUCH

1 Eine große Schüssel zur Hälfte mit Eiswürfeln und Wasser füllen. Das Salz einrühren, bis es sich vollständig aufgelöst hat. Beiseitestellen.

2 In einem mittelgroßen Topf 175 ml Wasser zusammen mit der Schokolade und dem Chipotle-Pulver bei schwacher bis mittlerer Hitze unter ständigem Rühren mit dem Schneebesen erwärmen, bis eine glatte Mischung entsteht.

3 Die flüssige Schokoladenmischung in eine mittelgroße hitzefeste Schüssel gießen. Die Schüssel mit dem Eiswasser auf das vorbereitete Blech stellen, anschließend die Schüssel mit der Schokoladenmischung in das kalte Wasserbad stellen. Die Schokoladenmischung mit dem Schneebesen etwa 5 Min. aufschlagen, bis sie eindickt und zwischen den Schlaufen des Schneebesens Fäden zieht. Nicht zu lange schlagen, sonst wird die Mousse grießig (siehe Tipps).

4 Die Mousse mit einem Löffel zügig auf Dessertschalen verteilen. Sofort servieren oder zugedeckt bis zu 3 Tage im Kühlschrank aufbewahren.

TIPPS

Sollte die Schokoladenmischung grießig werden, einfach zurück in den Topf geben, erneut vorsichtig erhitzen und verflüssigen und dann noch einmal in der Schüssel im kalten Wasserbad aufschlagen. Da weder Milch noch Ei enthalten sind, lässt sich dieses Schmelzen und Schlagen mehrmals wiederholen, falls nötig. Aber ich bin sicher, Sie haben den Dreh schnell heraus.

Für eine Mokka-Mousse ersetzen Sie das Wasser in Step 2 durch Kaffee.

FÜR 6 PERSONEN

Wenn ein Restaurant eine Süßspeise anbietet, möchte man meinen, sie erfordere besondere Könnerschaft, Aufwand und extravagante Zutaten. Nichts davon gilt für dieses Dessert, und dennoch eignet es sich bestens für Gäste. Man kann diese Mousse komplikationslos und schnell zubereiten, und was man für sie braucht, gibt es in jedem Lebensmittelladen. Servieren Sie diese Mousse in Ihren schönsten Dessertschalen und machen Sie sich auf Lobeshymnen gefasst.

SCHNELLE MOUSSE AU CHOCOLAT

300 g zartbittere Schokotropfen

•

500 g Sahne (vorzugsweise 35 %), gut gekühlt

•

35 g Puderzucker

ELEKTRISCHES HANDRÜHRGERÄT (SIEHE TIPPS)

1 Als Erstes 1 EL (15 ml) der Schokotropfen fein hacken und zum späteren Garnieren beiseitestellen.

2 In einer mittelgroßen mikrowellengeeigneten Schüssel die restlichen Schokotropfen in der Mikrowelle auf hoher Stufe in 30-Sekunden-Intervallen erhitzen und dabei zwischendrin durchrühren, bis etwa drei Viertel der Tropfen geschmolzen sind. Aus der Mikrowelle nehmen und weiter behutsam rühren, bis alle Tropfen geschmolzen sind. (Alternativ die Schokotropfen über dem Wasserbad schmelzen, s. S. 16.) Die Schokolade in etwa 10 Min. auf Raumtemperatur abkühlen lassen.

3 Inzwischen in einer großen Schüssel die kalte Sahne mit den Rührbesen des Handrührgeräts auf hoher Stufe steif schlagen, dabei den Puderzucker einrieseln lassen. Kalt stellen, bis die Schokolade abgekühlt ist.

4 Etwa ein Viertel der geschlagenen Sahne abmessen und beiseitestellen. Abgekühlte Schokolade über die restliche Sahne gießen und mit dem Handrührgerät etwa 30 Sek. unterrühren, bis Sahne und Schokolade gerade eben vermischt sind.

5 Die Mousse auf Dessertschalen verteilen. Jede Portion mit einem Klecks der beiseitegestellten Schlagsahne und den gehackten Schokotropfen garnieren. Sofort servieren.

TIPPS

Sie können die Sahne ohne Weiteres auch mit einem Schneebesen steif schlagen. Das dauert zwar deutlich länger, doch das Ergebnis ist ebenso gut und Sie verbrennen außerdem ein paar extra Kalorien!

Die in Dessertschalen angerichtete Mousse lässt sich zugedeckt im Kühlschrank bis zu 3 Tage aufbewahren. Mit Sahneklecks und gehackter Schokolade wird sie dann aber erst vor dem Servieren garniert.

Verführung pur! Stellen Sie sich eine Schokoladentrüffel in Scheibenform vor, die auf der Zunge zergeht. Ihre Gäste werden glauben, Sie hätten sich ohne Ende abgemüht. Doch dabei besteht das Kunststück eigentlich nur in der richtigen Planung, damit die Terrine genug Zeit zum Festwerden bekommt. Falls jemand fragt, können Sie ruhig antworten, die Zubereitung hätte Sie etliche Stunden in Anspruch genommen. Was ja nicht gelogen ist, denn schließlich kann Warten auch harte Arbeit sein, vor allem, wenn es um Schokolade geht.

SCHOKOTERRINE

175 g dunkle Schokolade (70 % Kakaoanteil), gehackt

•

325 g Sahne (vorzugsweise 35 %)

•

60 g weiche gesalzene Butter

MINI-KASTENFORM (15 × 7,5 CM; SIEHE TIPP), AUSGEKLEIDET MIT FRISCHHALTEFOLIE MIT 5 CM ÜBERHÄNGENDEN RÄNDERN

ELEKTRISCHES HANDRÜHRGERÄT (NACH BELIEBEN)

1 Schokolade, 150 g Sahne und die Butter in eine mittelgroße mikrowellengeeignete Schüssel geben. In der Mikrowelle auf hoher Stufe in 30-Sekunden-Intervallen erhitzen und dabei zwischendrin durchrühren, bis die Schokolade geschmolzen und eine glatte Mischung entstanden ist. (Alternativ die Zutaten in einem mittelgroßen Topf auf dem Herd bei schwacher Hitze erwärmen und gelegentlich umrühren.)

2 Die Schokosahne in die vorbereitete Kastenform gießen und glatt streichen. Mit den überhängenden Rändern der Frischhaltefolie abdecken und zum Festwerden mind. 6 Std. oder bis zu 3 Tage in den Kühlschrank stellen.

3 Etwa 30 Min. vor dem Servieren die Terrine aus dem Kühlschrank nehmen und Raumtemperatur annehmen lassen.

4 Inzwischen die restliche Sahne (175 g) in einer kleinen Schüssel 10 Min. ins Tiefkühlfach stellen. Anschließend mit einem Schneebesen oder den Rührbesen eines elektrischen Handrührgeräts steif schlagen.

5 Die Schokoterrine aus der Form heben – der überhängende Folienrand hilft dabei – und in 8 Scheiben schneiden. Jeweils 2 Scheiben auf einem Teller anrichten und mit einem Klecks geschlagener Sahne garnieren. Sofort servieren. Falls Scheiben übrig bleiben, diese sofort zurück in den Kühlschrank stellen.

TIPP

Wenn sich in Ihren Beständen keine kleine Kastenform oder ein vergleichbares Gefäß findet, weichen Sie auf eine normale Muffinform aus. Setzen Sie in vier der Mulden ein Förmchen aus fettdichtem, backfestem Papier oder kleiden Sie die Mulden mit Alu-Förmchen aus. In diese verteilen Sie gleichmäßig die Schokosahne, streichen sie glatt und lassen die Einzelterrinen dann gut durchkühlen. Vor dem Servieren mit einem Klecks Sahne garnieren.

ERGIBT 24 STÜCK

Ich gestehe: Eigentlich mag ich keine weiße Schokolade. Oder vielmehr mochte ich sie nicht, bis ich sie in karamellisierter Form kennenlernte, die im Geschmack ein bisschen an Dulce de Leche und auch an Toffee erinnert, aber dazu noch eine ganz eigene Qualität besitzt. Sie lässt sich ganz einfach selbst herstellen, man muss dafür nur etwas Zeit und Geduld mitbringen.

TRÜFFELPRALINEN AUS KARAMELLISIERTER WEISSER SCHOKOLADE

340 g weiße Schokolade (mind. 30 % Kakaobutteranteil), fein gehackt

•

125 g Sahne (vorzugsweise 35 %)

•

450 g dunkle Schokolade (70 % Kakaoanteil), gehackt

BACKOFEN AUF 120° VORHEIZEN

AUFLAUFFORM AUS GLAS/KERAMIK/EMAILLE (20 × 20 CM)

2 BACKBLECHE, AUSGELEGT MIT BACKPAPIER

GEFRIERBEUTEL MIT ZIPVERSCHLUSS

1 Die gehackte weiße Schokolade gleichmäßig in der Auflaufform verteilen. Die Form auf die mittlere Schiene in den vorgeheizten Ofen stellen und die Schokolade 60–90 Min. karamellisieren lassen, bis sie eine Farbe von dunklem Bernstein und eine glatte Konsistenz angenommen hat. Dabei die Schokolade alle 10 Min. durchrühren. Wenn sie zwischendrin krümelig wird, ist das kein Grund, nervös zu werden, denn während sie karamellisiert, lösen sich die Klümpchen wieder auf. (Für weitere Informationen zum Karamellisieren von weißer Schokolade s. S. 16 und 17.)

2 Von der karamellisierten weißen Schokolade 4 EL (60 ml) in einer kleinen mikrowellengeeigneten Schüssel zum späteren Garnieren beiseitestellen. Die restliche karamellisierte Schokolade mithilfe eines Teigschabers in eine mittelgroße hitzefeste Schüssel umfüllen.

3 Auf dem Herd die Sahne in einem kleinen Topf bei schwacher Hitze erwärmen, bis sich am Rand Bläschen bilden. Die heiße Sahne zusammen mit 1 kräftigen Prise Salz über die karamellisierte Schokolade geben und rühren, bis eine glatte, glänzende Masse entstanden ist. Die Masse auf Raumtemperatur abkühlen lassen.

4 Von der Masse 1 EL (15 ml) abstechen, zu einer Kugel rollen und auf eines der vorbereiteten Bleche legen. Auf diese Weise insgesamt 24 Pralinen formen. Im Tiefkühlfach in etwa 15 Min. fest werden lassen.

5 In einer mittelgroßen mikrowellengeeigneten Schüssel mit hohem Rand die dunkle Schokolade in der Mikrowelle auf hoher Stufe in 30-Sekunden-Intervallen erhitzen und dabei zwischendrin durchrühren, bis sie zu etwa drei Vierteln geschmolzen ist. Aus der Mikrowelle nehmen und behutsam weiterrühren, bis die gesamte Schokolade geschmolzen ist. (Alternativ die Schokolade über dem Wasserbad schmelzen, s. S. 16.)

6 Eine Praline auf eine Gabel spießen, kurz in die flüssige Schokolade tauchen und einige Sekunden über der Schüssel abtropfen lassen. Klopfen Sie dabei behutsam auf die Hand, die die Gabel hält, dann geht das Abtropfen schneller. Die schokolierte Praline auf das zweite vorbereitete Blech legen. Auf diese Weise die restlichen 23 Pralinen nacheinander mit Schokolade überziehen. Anschließend die Pralinen auf dem Blech 10 Min. kalt stellen, bis der Schoko-Überzug fest geworden ist.

7 Die beiseitegestellte karamellisierte weiße Schokolade in der Mikrowelle auf hoher Stufe in 15-Sekunden-Intervallen erhitzen und dabei zwischendrin durchrühren, bis sie geschmolzen ist. In einen Gefrierbeutel mit Zipverschluss gießen und den Beutel verschließen.

8 Den Beutel über die Trüffelpralinen halten und mit einer Schere unten eine ganz kleine Ecke abschneiden. Durch behutsames Drücken die karamellisierte Schokolade aus dem Beutel pressen und in Linien kreuz und quer über die Pralinen spritzen. Zum Festwerden die Trüffelpralinen noch einmal kalt stellen.

TIPP

In einem luftdicht verschlossenen Behälter lassen sich die Trüffelpralinen im Kühlschrank bis zu 2 Wochen aufbewahren. Am besten schmecken sie raumtemperiert.

ERGIBT ETWA 36 STÜCK

Bei unserer Hochzeit entschieden mein Mann und ich uns gegen eine klassische Torte und stattdessen für einen Turm aus verschiedenen selbst gemachten Trüffelpralinen. Vor allem die mit Haselnüssen haben es mir angetan. Bei dieser vereinfachten Version verzichte ich auf einen Schokoladenüberzug zugunsten eines Mantels aus fein gemahlenen Nüssen. Bisher hat sich keiner darüber beschwert – vielleicht weil ich immer auf die eingesparten Kalorien hinweise, die, so gesehen, auch noch eine zweite Praline rechtfertigen würden.

TRÜFFELPRALINEN MIT HASELNÜSSEN

225 g dunkle Schokolade (70 % Kakaoanteil), gehackt

•

300 g geröstete Haselnusskerne, gemahlen (siehe Tipps)

•

250 g Sahne (vorzugsweise 35 %)

BACKBLECH, AUSGELEGT MIT BACKPAPIER

1 In einer mittelgroßen Schüssel die gehackte Schokolade mit 75 g gemahlenen Haselnüssen vermengen.

2 Die Sahne in einem kleinen Topf bei mittlerer Hitze erwärmen, bis sich am Rand Bläschen bilden. Die heiße Sahne über die Schoko-Nuss-Mischung gießen und rühren, bis die Schokolade geschmolzen ist. Zugedeckt im Kühlschrank in etwa 1 Std. fest werden lassen.

3 Anschließend die Trüffelmasse mit einem Schneebesen etwa 30 Sek. luftig aufschlagen. Auf keinen Fall zu lange schlagen, da sich die Masse sonst trennen könnte. 1 EL (15 ml) von der Masse abstechen, zu einer Kugel rollen (siehe Tipps) und auf das vorbereitete Blech legen. Auf diese Weise insgesamt 36 Pralinen formen. Zum Festwerden die Pralinen auf dem Blech 30 Min. in den Kühlschrank stellen.

4 Restliche gemahlene Haselnüsse (225 g) auf einen großen Teller geben. Die Trüffelpralinen aus dem Kühlschrank nehmen und jede Praline zügig in den Nüssen wälzen, bis sie gleichmäßig überzogen sind.

TIPPS

Gemahlene Haselnüsse gibt es natürlich auch fertig zu kaufen, doch besser schmecken sie, wenn man die Haselnusskerne vorher röstet und dann selbst mahlt. Dafür die Kerne auf einem Backblech mit Rand in den auf 180° vorgeheizten Ofen geben, bis sie nach etwa 10 Min. aromatisch duften. Die gerösteten Kerne anschließend in ein sauberes Geschirrtuch einschlagen und rubbeln, bis sich ein Großteil der Haut gelöst hat. Die Nüsse auskühlen lassen und anschließend in der Küchenmaschine oder im Standmixer sehr fein hacken.

Die Trüffeln müssen keine perfekte Kugelform aufweisen. Zu krasse Unregelmäßigkeiten gleicht man aus, indem man die Kugeln nur mit den Fingerspitzen auf einer Arbeitsfläche hin und her rollt. Die ganze Handfläche könnte zu viel Wärme abgeben und die Schokomasse schmelzen lassen.

In einem luftdicht verschlossenen Behälter lassen sich die Pralinen im Kühlschrank bis zu 1 Woche aufbewahren.

FRUCHTIGES

Erdbeer-Fruchtleder *132*

Flambierte Ananas *135*

Balsamico-Erdbeeren aus dem Ofen *136*

Knusprige Apfelringe *139*

Früchteriegel *140*

Geleefrüchte *143*

Zitronentöpfchen *144*

Mit weißer Schokolade überbackene Beeren *146*

Ingwer-Birnen-Crisp *147*

Pfirsich-Cobbler *149*

ERGIBT ETWA 8 STÜCK

Bei meinen Testläufen mit Ü40-Teilnehmern war das Fruchtleder im Nu verputzt. Auch ich ertappte mich dabei, wie ich mehrfach in die Küche spazierte, um mir »nur noch ein Stück« zu holen. Ob Kinder es wohl auch mögen, fragte ich mich dabei und gab mir selbst die Antwort: »Hoffentlich nicht. Denn die Erwachsenen hier möchten ungern teilen.«

ERDBEER-FRUCHTLEDER

550 g Erdbeeren, entkelcht und in Stücke geschnitten

•

1 EL (15 ml) frisch gepresster Zitronensaft

•

1 EL (15 ml) Honig

BACKOFEN AUF 70–80° VORHEIZEN

STANDMIXER

2 BACKBLECHE MIT HOHEM RAND, AUSGELEGT MIT BACKPAPIER

1 Die klein geschnittenen Erdbeeren mit Zitronensaft und Honig im Standmixer auf hoher Stufe glatt pürieren.

2 Das Fruchtpüree gleichmäßig dick (3–5 mm) auf die vorbereiteten Bleche gießen und bei Bedarf mit einer Teigkarte oder einem Küchenspatel glatt streichen. Höher als 5 mm sollten die Lagen nicht sein, da das Fruchtleder sonst brüchig wird oder nicht richtig durchtrocknet. (Zur Verwertung von überschüssigem Püree siehe Tipps.)

3 Die beiden Bleche für 4–6 Std. im oberen beziehungsweise im unteren Drittel in den vorgeheizten Ofen schieben, bis das Fruchtpüree trocken, aber noch biegsam ist. Die erforderliche Zeit variiert ja nach der Dicke der Fruchtplatten und der Ofentemperatur.

4 Bleche aus dem Ofen nehmen. Die Fruchtplatten jeweils mit einem frischen Bogen Backpapier vollständig bedecken und das Papier andrücken. Anschließend die Fruchtplatten auf eine Arbeitsfläche stürzen, sodass sich das frische Papier unten befindet. Das obere Papier (die Backunterlage) abziehen. Die Ränder der Fruchtplatten mit einer Schere oder einem Pizzaschneider glatt schneiden. Anschließend die Platten in 5 cm breite Streifen schneiden und diese einzeln aufrollen. Das Fruchtleder sofort oder raumtemperiert genießen.

TIPPS

Überschüssiges Fruchtpüree könnten Sie in einem Smoothie verwerten oder auch über Vanilleeis (s. S. 184) träufeln.

In einem luftdicht verschlossenen Behälter lässt sich das Fruchtleder bei Raumtemperatur bis zu 2 Wochen aufbewahren.

FÜR 4 PERSONEN

Hier können Sie eine echte Show abziehen, denn das Spiel mit dem Feuer ist einfach faszinierend. Während sich die noch warme Ananas vorzüglich in der Solistenrolle macht, begleitet sie ebenso gut kühle Desserts aus Vanilleeis (s. S. 184) oder Crème Chantilly (s. S. 206).

FLAMBIERTE ANANAS

110 g Zimtzucker (s. S. 20)

•

8 Ananasscheiben aus der Dose, abgetropft und trocken getupft (siehe Tipps)

•

1 EL (15 ml) Rum

GROSSE PFANNE MIT SCHWEREM BODEN

STABFEUERZEUG ODER LANGES STREICHHOLZ

1 Zimtzucker in einer flachen Schale verteilen. Ananasscheiben nacheinander von beiden Seiten in den Zucker drücken, bis sie mit Zucker überzogen sind.

2 Eine große Pfanne mit schwerem Boden bei mittlerer Hitze erwärmen. Dann die Ananasscheiben nebeneinander in die Pfanne legen und in etwa 2 Min. auf der Unterseite goldbraun karamellisieren. Wenden und auf der zweiten Seite bräunen. Vom Herd nehmen.

3 In einem kleinen mikrowellengeeigneten Becher den Rum in der Mikrowelle auf hoher Stufe in etwa 10 Sek. nur leicht erwärmen.

4 Den warmen Rum über die Ananasringe in der Pfanne gießen und mit einem Stabfeuerzeug oder langen Streichholz anzünden. Dabei kann eine Stichflamme entstehen, also beim Anzünden ausreichend Sicherheitsabstand halten, um Hände und Kleidung zu schützen. (Wer noch nie vorsätzlich sein Essen in Brand gesteckt hat, sei für einen kleinen Probelauf auf die Tipps verwiesen.) Wenn der Alkohol verbrannt und die Flamme erloschen ist, die Früchte noch 1–2 Min. ruhen lassen.

5 Die warmen Ananasringe auf Tellern anrichten und mit dem Fond aus der Pfanne beträufeln.

TIPPS

Man kann ebenso 8 Scheiben frische Ananas von je 1 cm Dicke verwenden. Die Garzeit sollte dann aber auf 4 Min. pro Seite verlängert werden.

Falls in der Pfanne nicht alle Scheiben nebeneinander Platz haben, die Ananas in zwei Durchgängen karamellisieren und flambieren.

Wenn Sie noch nie flambiert haben, empfehle ich vor Ankunft der Gäste eine kurze Generalprobe. Dafür 1 EL (15 ml) erwärmten Rum in die leere Pfanne gießen und anzünden. So haben Sie, wenn es später ernst wird, eine klare Vorstellung, wie hoch die Flammen schlagen.

Ananasreste lassen sich in einem luftdicht verschlossenen Behälter im Kühlschrank bis zu 3 Tage aufbewahren.

FÜR 2 PERSONEN

Je nach Situation könnten diese Erdbeeren als eigenständiges Dessert oder auch als Sauce durchgehen. Sie schmecken warm aus dem Ofen wie auch kalt aus dem Kühlschrank, angerichtet auf Eiscreme, in Joghurt gerührt oder auf Buttermilch-Scones (s. S. 88). Ich habe keine Ahnung, wie Sie sie genießen werden, aber ich bin mir sicher, dass Sie sie genießen werden.

BALSAMICO-ERDBEEREN AUS DEM OFEN

300 g Erdbeeren, entkelcht und in Stücke geschnitten (siehe Tipps)

•

1 EL (15 ml) Aceto balsamico (siehe Tipps)

•

2 EL (30 g) Vanillezucker (s. S. 22)

BACKOFEN AUF 220° VORHEIZEN

BACKBLECH MIT HOHEM RAND

1 In einer mittelgroßen Schüssel Erdbeeren und Aceto balsamico mischen.

2 Die Beeren in einer Lage auf das Backblech geben. Gleichmäßig mit dem Vanillezucker bestreuen.

3 Im vorgeheizten Ofen auf der mittleren Schiene 10–15 Min. garen, bis die Beeren weich sind. Auf dem Blech 10 Min. abkühlen lassen. Anschließend die Beeren mit dem Saft auf Dessertschalen verteilen.

TIPPS

Achten Sie beim Schneiden der Erdbeeren darauf, dass die Stücke annähernd gleich groß sind, damit sie gleichmäßig garen. Halbieren Sie als Erstes die kleinsten Beeren. Damit haben Sie den Maßstab für die Stücke, in die Sie dann die größeren Exemplare teilen.

Verwenden Sie unbedingt einen wirklich guten Aceto balsamico. Wenn in Ihrem Vorratsschrank schon eine Flasche steht, nehmen Sie einen Probeschluck. Falls es Sie vor lauter Säure gleich schüttelt, können Sie diesen Essig vielleicht noch für Salatdressings verwenden. Doch für Zubereitungen wie diese hier gönnen Sie sich bitte ein Fläschchen eines hochwertigen Produkts.

Gefällt Ihnen dieses Rezept? Dann machen Sie doch einfach die zwei- oder dreifache Menge. Wichtig ist nur, dass die Erdbeeren, während sie garen, nicht übereinander liegen. Eventuell benötigen Sie daher ein zweites Blech.

In einem luftdicht verschlossenen Behälter lassen sich die Balsamico-Erdbeeren im Kühlschrank bis zu 3 Tage aufbewahren.

FÜR 4 PERSONEN

In den sauren Apfel beißen muss hier niemand. Dafür sorgt schon der köstliche Zimtzucker mit feinem Ingwerhauch. Und das Rezept gelingt einfach immer.

KNUSPRIGE APFELRINGE

2 EL (30 g) Zimtzucker (s. S. 20), nach Bedarf auch weniger

•

1/4 TL (1 ml) gemahlener Ingwer

•

2 große Äpfel, Kerngehäuse mit einem Apfelausstecher herausgelöst, Äpfel in 2 mm dicke Ringe geschnitten

BACKOFEN AUF 100° VORHEIZEN

2 BACKBLECHE, AUSGELEGT MIT BACKPAPIER

1 In einer kleinen Schüssel Zimtzucker und Ingwer mischen.

2 Die Apfelringe so auf die vorbereiteten Bleche legen, dass sie sich nicht überlappen. Gleichmäßig dünn mit der Zuckermischung bestreuen (eventuell benötigen Sie nicht die gesamte Menge).

3 Die beiden Bleche für etwa 2 Std. im oberen beziehungsweise im unteren Drittel in den vorgeheizten Ofen schieben. Die Apfelringe sollen sich zuletzt trocken, aber noch geschmeidig wie Leder anfühlen.

4 Den Backofen ausschalten. In die Ofentür einen Holzlöffel klemmen und die Apfelringe im Ofen auskühlen lassen. Dabei werden sie schön knusprig.

TIPPS

Für dieses Rezept eignet sich jede beliebige Apfelsorte. Je dünner Sie die Ringe schneiden, desto knuspriger, also chipsähnlicher werden sie.

In einem Schraubglas oder in einem Gefrierbeutel mit Zipverschluss (vor dem Verschließen die Luft gut aus dem Beutel streichen) bleiben die Apfelringe bei Raumtemperatur bis zu 1 Woche frisch.

Da ich hier gleich zu fertig gemahlenen Mandeln greife, ist alles quasi im Handumdrehen zusammengemischt. Das ist die gute Nachricht. Aber es gibt auch eine schlechte Nachricht. Die Riegel sind nämlich dermaßen lecker, dass Sie sie demnächst wohl häufiger zubereiten müssen.

FRÜCHTERIEGEL

110 g gemahlene Mandeln

•

160 g gemischte Trockenfrüchte (ich verwende einen Mix aus Heidelbeeren, Kirschen und Cranberrys, manchmal auch Sultaninen)

•

80 g entsteinte Datteln, grob gehackt

KÜCHENMASCHINE ODER STANDMIXER

KASTENFORM (23 × 13 CM), AUSGEKLEIDET MIT BACKPAPIER (S. S. 12)

1 Gemahlene Mandeln, Trockenfrüchte und Datteln mit 1 Prise Salz in die Küchenmaschine oder den Standmixer geben. In 5-Sekunden-Intervallen zu einer geschmeidigen Masse verarbeiten, dabei Reste an der Schüssel- oder Becherwand immer mal wieder mit einem Teigschaber nach unten schieben. Schrittweise die Intervallzeiten erhöhen, bis das Gerät kontinuierlich läuft und die Masse sich schließlich zusammenballt. (Die erforderliche Zeit hängt von der Leistungsstärke des Geräts ab).

2 Die Masse mit einem Teigschaber in die vorbereitete Form drücken und glatt streichen. Mit einem Stück Frischhaltefolie abdecken.

3 Zum Festwerden mind. 1 Std. oder über Nacht in den Kühlschrank stellen. Den Früchtebarren aus der Form heben – der überstehende Papierrand hilft dabei – und quer in Riegel schneiden. Die Fruchtriegel entweder raumtemperiert oder kalt genießen.

TIPP

In einem luftdicht verschlossenen Behälter lassen sich die Riegel im Kühlschrank bis zu 2 Wochen aufbewahren.

ERGIBT 12 STÜCK IN BONBONGRÖSSE

Kennen Sie solche Leute, die eine Tüte gemischter Fruchtgummis drehen und wenden und schütteln, bis die Stücke in den Lieblingsgeschmacksrichtungen oben landen? So mache ich das auch, und übrig bleibt dann eine Ansammlung schwarzer und gelber Dinger, die ich »großzügig« an meine Freunde und Familie abgebe. Nun ist endlich Schluss mit diesem Zirkus. Ich kann ganz allein die Geschmacksrichtungen bestimmen. Was aber zugleich bedeutet, dass ich ab jetzt meine Favoriten mit den anderen teilen muss. Doch was soll's! Ich kann ja schnell mehr von ihnen machen.

GELEEFRÜCHTE

14 g gemahlene Gelatine

•

75 ml Fruchtsaft, z. B. Trauben-, Cranberry- oder Orangen-Mango-Saft (siehe Tipps)

•

55 g Zucker

EISWÜRFELFORM ODER MULDENBACKFORM AUS SILIKON

1 In einer kleinen Schüssel die Gelatine mit 2 EL (30 ml) Wasser anrühren und 5 Min. quellen lassen.

2 In einem kleinen Topf den Saft mit dem Zucker bei mittlerer Hitze etwa 3 Min. erwärmen und dabei mehrmals rühren, bis sich der Zucker aufgelöst hat. Vom Herd nehmen und die gequollene Gelatine einrühren, bis sie vollständig gelöst ist.

3 Die Fruchtsaftmischung in 12 Fächer einer Eiswürfel- oder Muldenform aus Silikon gießen. Zum Festwerden etwa 1 Std. oder über Nacht in den Kühlschrank stellen.

4 Zum Herauslösen der Geleefrüchte die Silikonform zunächst leicht biegen und verdrehen und dann die Früchte vorsichtig mit dem Rand eines Messers oder einem Finger aus den Fächern lösen.

TIPPS

Frische exotische Früchte wie etwa Papaya, Kiwi, Mango, Guave und Ananas enthalten Enzyme, die verhindern, dass Gelatine fest wird. Wenn Sie also Geleefrüchte in diesen Geschmacksrichtungen herstellen möchten, müssen Sie pasteurisierte Säfte verwenden. In ihnen wurde bei der kurzzeitigen Erwärmung das Enzym zerstört.

Grundsätzlich eignet sich jeder Fruchtsaft für Geleefrüchte. Damit diese jedoch verlockend schimmern, sollten klare Säfte verarbeitet werden, also etwa kein naturtrüber Apfelsaft.

Wenn Sie keine Silikonform mit Mulden haben, kleiden Sie stattdessen eine kleine Kastenform (20 × 10 cm) mit Frischhaltefolie aus und fetten die Folie leicht. Die Fruchtsaftmischung darin in etwa 1 Std. 30 Min. im Kühlschrank fest werden lassen. Danach das Gelee auf eine saubere Arbeitsfläche stürzen und mit einem scharfen Messer in 12 Würfel schneiden.

In einem luftdicht verschlossenen Behälter lassen sich die Geleefrüchte im Kühlschrank bis zu 1 Woche aufbewahren.

FÜR 6 PERSONEN

Lassen Sie sich von der Größe der Gläser nicht täuschen. Sie sind zwar klein, aber sie haben es in sich. Dennoch löffelt sich die zart zitronige, seidenweiche Creme wie von selbst. Ein Gaumen-Traum!

ZITRONENTÖPFCHEN

2 Bio-Zitronen

•

625 g Sahne (vorzugsweise 35 %)

•

150 g Zucker

6 TRINKGLÄSER, AUFLAUFFÖRMCHEN ODER WECKGLÄSER (INHALT 125 ML)

ELEKTRISCHES HANDRÜHRGERÄT

1 Die Zitronen heiß abwaschen, trocken tupfen und die Schale fein abreiben. Anschließend die Früchte auspressen. Benötigt werden für dieses Rezept 2 EL (30 ml) Zitronenabrieb und 125 ml Saft. (Auf S. 17 lesen Sie, wie Sie mit etwaigen Überschüssen umgehen können.)

2 In einem kleinen Topf 500 g Sahne mit dem Zucker, 1 EL (15 ml) Zitronenabrieb und 125 ml Saft mit einem Schneebesen verrühren. Bei mittlerer Hitze aufkochen, dann 3 Min. unter ständigem Rühren köcheln lassen. Vom Herd nehmen und 15 Min. abkühlen lassen.

3 Die Sahnemischung gleichmäßig in 6 Gläser gießen. Zugedeckt im Kühlschrank mind. 6 Std. oder über Nacht fest werden lassen. Den noch übrigen EL Zitronenabrieb in einem luftdicht verschlossenen Behälter zum späteren Garnieren beiseitestellen.

4 In einer kleinen Schüssel die restliche Sahne (125 g) mit den Rührbesen des Handrührgeräts auf hoher Stufe steif schlagen. Die Zitronentöpfchen vor dem Servieren jeweils mit 1 Klecks Sahne und etwas Zitronenabrieb garnieren.

TIPP

Übrig gebliebene Zitronentöpfchen lassen sich – ohne die Sahnegarnitur – zugedeckt im Kühlschrank bis zu 5 Tage aufbewahren.

FÜR 4 PERSONEN

Von einer skandinavischen Köchin bekam ich den Tipp, dass man Früchte mit weißer Schokolade überbacken kann. Ich war zunächst sehr skeptisch, denn nichts geht ja über dunkle Schokolade – jedenfalls für mich. Ich wurde eines Besseren belehrt.

MIT WEISSER SCHOKOLADE ÜBERBACKENE BEEREN

600 g gemischte frische Beeren (Himbeeren, Brombeeren, Heidelbeeren und/ oder klein geschnittene Erdbeeren, verlesen bzw. geputzt)

•

120 g weiße Schokolade, fein gehackt

•

1 EL (15 ml) fein abgeriebene Bio-Limettenschale

BACKOFEN AUF 220° VORHEIZEN

BACKBLECH MIT HOHEM RAND, AUSGELEGT MIT BACKPAPIER

1 Die Beeren in einer Lage auf das vorbereitete Blech geben. Gleichmäßig mit der fein gehackten weißen Schokolade und dem Limettenabrieb bestreuen.

2 Im vorgeheizten Ofen auf der mittleren Schiene 5–8 Min. backen, bis die Schokolade geschmolzen ist und die Beeren heiß, aber noch nicht weich sind.

3 Sofort auf Dessertschalen verteilen und warm genießen.

TIPP

Reste lassen sich in einem luftdicht verschlossenen Behälter im Kühlschrank bis zu 3 Tage aufbewahren. Vor dem Servieren in der Mikrowelle auf hoher Stufe in 15-Sekunden-Intervallen nochmals erhitzen und dabei mehrmals durchrühren, bis die Schokolade schmilzt.

FÜR 4 PERSONEN

Jeden Sommer kochte unsere Mutter aus lokal geernteten Birnen sowie Ingwer eine Konfitüre. Da es die Birnen nur in begrenzten Mengen gab, füllte sie die (wenige) Konfitüre in sehr kleine Gläser und rückte sie erst nach und nach heraus – immer erst, wenn der erste Schnee gefallen war. Die Kombination aus sommerlichen Birnen und wärmendem Ingwer wirkte in der kalten, dunklen Winterzeit als zuverlässiger Stimmungsaufheller. Mit diesem Crisp – so sagt man bei uns zu einem Obstauflauf mit feiner Knusperkruste – verneige ich mich gewissermaßen vor meiner Mom. Genau wie von ihrer Konfitüre bleibt auch von diesem Crisp niemals etwas übrig. Aber ich kann ihn ja zum Glück das ganze Jahr über machen.

INGWER-BIRNEN-CRISP

3 Dosen Birnenhälften in Saft (Abtropfgewicht je 230 g)

•

1 EL (15 g) fein gehackter kandierter Ingwer

•

120 g Ingwerkekse, zerbröselt

BACKOFEN AUF 180° VORHEIZEN

KASTENFORM AUS GLAS ODER KERAMIK (23 x 13 CM), GEBUTTERT

1 Birnenhälften abtropfen lassen, dabei 60 ml Saft auffangen und beiseitestellen. (Zur Verwendung des übrigen Safts siehe Tipps.)

2 Birnen in 1 cm große Stücke schneiden und in die vorbereitete Form geben. Den beiseitegestellten Saft sowie den gehackten kandierten Ingwer hinzufügen. Gut durchmischen.

3 Die Keksbrösel gleichmäßig über die Birnen streuen.

4 Den Auflauf im vorgeheizten Ofen auf der mittleren Schiene 20–25 Min. backen. Warm servieren.

TIPPS

Gießen Sie den übrigen Birnensaft aus der Dose auf keinen Fall weg. Bereichern Sie mit ihm Frucht-Smoothies oder verwenden Sie ihn für eine erfrischende Schorle.

Mit Pfirsichhälften aus der Dose, nach Belieben auch kombiniert mit Birnenhälften, gelingt dieser Auflauf ebenso gut.

Falls etwas von dem Crisp übrig bleibt, stellen Sie den Rest zugedeckt bis zum nächsten Tag in den Kühlschrank. Anschließend einfach kalt genießen oder aber in dem auf 120° vorgeheizten Backofen etwa 10 Min. aufwärmen.

FÜR 6 PERSONEN

Für Obstaufläufe gibt es eine Vielzahl von Rezepten. In den USA sehr populär sind etwa Crisp (s. S. 147), Crumble und Brown Betty, bei denen die Unterschiede verschwimmen. Und es gibt den Cobbler. Vom Grundprinzip her ähnlich, bekommt er allerdings keine feinkrümelige Kruste, sondern eine Haube aus einer Art schnellem, klumpigem Brotteig. Er schmeckt wundervoll mit einer Portion Salted Caramel Eis (s. S. 187) oder mit Rum-Butter-Sauce (s. S. 210).

PFIRSICH-COBBLER

2 Dosen leicht gezuckerte Pfirsiche in Scheiben (Abtropfgewicht je 480 g)

•

280 g Mehl mit Backpulver und Salz (s. S. 19)

•

115 g kalte gesalzene Butter

BACKOFEN AUF 180° VORHEIZEN

AUFLAUFFORM AUS GLAS/KERAMIK/EMAILLE (20 × 20 CM), GEBUTTERT

1 Pfirsichscheiben abtropfen lassen, dabei den Saft aus 1 Dose (etwa 200 ml) abmessen und beiseitestellen. (Zur Verwendung des übrigen Safts siehe Tipps.) Pfirsiche in 1 cm große Stücke schneiden und in die vorbereitete Form geben.

2 Das Mehl in eine mittelgroße Schüssel geben. Die Butter auf der groben Seite einer Vierkantreibe darüberraspeln. Alles gleichmäßig vermengen, dann den abgemessenen Pfirsichsaft unterrühren. Den Teig in 6 gleich großen Portionen über die Pfirsiche löffeln.

3 Den Auflauf im vorgeheizten Ofen auf der mittleren Schiene etwa 45 Min. backen, bis die Pfirsichmischung blubbert und an einem in die Teigkruste eingestochenen Holzspieß beim Herausziehen kein Teig mehr haftet.

4 Den Cobbler auf einem Kuchengitter 30 Min. oder bis zu 1 Std. abkühlen lassen, aber noch warm servieren.

TIPPS

Der übrige Pfirsichsaft kann in Smoothies gemixt oder zum Aromatisieren von Früchtebowlen verwendet werden. Falls er nicht gleich zum Einsatz kommen soll, lassen Sie ihn in Eiswürfelformen gefrieren und packen Sie dann die Würfel als praktische Einzelportionen in einen Gefrierbeutel mit Zipverschluss.

Dieses Rezept lässt sich ohne Weiteres verdoppeln. In dem Fall den Cobbler in einer Auflaufform (33 × 23 cm) zubereiten und die Backzeit auf 1 Std. bis 1 Std. 15 Min. verlängern.

Reste lassen sich zugedeckt im Kühlschrank bis zu 3 Tage aufbewahren. Man kann den Cobbler dann entweder kalt genießen oder auch in dem auf 120° vorgeheizten Ofen 10–15 Min. aufwärmen.

CREMIGES

Baba de Camelo *152*

Himbeer-Fool *155*

Kaffee-Mousse *156*

Ahornsirup-Pannacotta *157*

Crème brûlée *158*

Limettentörtchen mit Ingwerboden *161*

Eton Mess mit Erdbeeren *162*

Brotauflauf mit Eierlikör *165*

FÜR 4 PERSONEN

Das erste Mal probierte ich diese Milchkaramellcreme vor über 20 Jahren, als ich in Portugal einen Freund besuchte, der dort als Reiseleiter tätig war. Er empfahl mir die Baba de Camelo als landestypische Spezialität, um dann, nachdem ich sie bestellt hatte, so ganz nebenbei zu bemerken, dass der Name wörtlich übersetzt »Kamelspucke« bedeutet. Typisch Joe, er hat schon immer gern gefrotzelt. Wie diese fluffige Süßspeise zu ihrem wenig schmeichelnden Namen kam, ist mir schleierhaft. Ich finde, sie hat definitiv eine bessere PR verdient.

BABA DE CAMELO

200 g Dulce de Leche (siehe Tipps)

•

3 sehr frische Eier (L), getrennt, raumtemperiert (siehe Tipps)

•

30 g gehobelte Mandeln

ELEKTRISCHES HANDRÜHRGERÄT

4 AUFLAUFFÖRMCHEN (INHALT 125 ML) ODER KLEINE DESSERTSCHALEN

1 In einer großen Schüssel Dulce de Leche und Eigelbe glatt rühren.

2 In einer zweiten großen Schüssel Eiweiße mit den Rührbesen des Handrührgeräts auf hoher Stufe steif schlagen. Zuerst nur ein Drittel des Eischnees unter die Dulce-de-Leche-Mischung ziehen, dann den restlichen Eischnee behutsam unterheben.

3 Die Masse mit einem Löffel auf die Förmchen verteilen. Zum Festwerden zugedeckt mind. 6 Std. oder über Nacht in den Kühlschrank stellen.

4 Unmittelbar vor dem Servieren die Mandeln in einer beschichteten Pfanne bei schwacher bis mittlerer Hitze rösten und dabei alle 30 Sek. durchmischen, bis sie knapp goldbraun sind und aromatisch duften. Sofort auf einen Teller geben, damit die Mandeln in der heißen Pfanne nicht weiter rösten, und ein wenig abkühlen lassen. Vor dem Servieren über die gekühlte Milchkaramellcreme streuen.

TIPPS

Dulce de Leche bekommen Sie in gut sortierten Supermärkten und bei Händlern, die spanische oder lateinamerikanische Spezialitäten im Angebot haben.

Dieses Rezept verwendet rohe Eier. Falls Sie gesundheitliche Bedenken haben, ersetzen Sie sie durch in der Schale pasteurisierte Eier. Die gibt es allerdings nur im Großhandel und in Großgebinden, aber man kann die sanfte Wärmebehandlung auch selbst durchführen. Anleitungen dazu finden Sie im Internet.

Sie können die Milchkaramellcreme auch im Voraus zubereiten. Bei Verwendung pasteurisierter Eier muss sie innerhalb von 3 Tagen gegessen werden, bei Zubereitung mit frischen rohen Eiern innerhalb von 24 Std.

Wie diese britische Süßspeise zu ihrem Namen kam, ist nicht eindeutig geklärt. Nun, ich hätte dazu ein paar eigene Ideen. Das englische Wort »fool« bedeutet ja »Narr« oder »Idiot«. Folglich könnte es sein, dass man schön blöd wäre, sich dieses Dessert entgehen zu lassen. Oder vielleicht wäre nur ein Dummkopf imstande, das im Grunde so einfache Rezept zu vermasseln. Eine weitere Theorie sehr persönlicher Art: Gewisse Angehörige unseres Haushalts versuchen, sich gegenseitig zu narren, indem sie noch vorhandene Fool-Reste vor den anderen hinter großen Tüten voller Salat verstecken.

HIMBEER-FOOL

280 g Himbeeren, TK-Früchte aufgetaut

•

4 EL (60 g) Vanillezucker (s. S. 22)

•

375 g Sahne (vorzugsweise 35 %), gut gekühlt

ELEKTRISCHES HANDRÜHRGERÄT

1 In einer kleinen Schüssel 70 g ganze Himbeeren beiseitestellen.

2 Übrige Himbeeren in einer mittelgroßen Schüssel mit einer Gabel leicht zerdrücken, anschließend mit 2 EL (30 g) Vanillezucker bestreuen. Die Früchte 10 Min. ziehen lassen.

3 Sahne in einer weiteren mittelgroßen Schüssel mit den Rührbesen des Handrührgeräts auf hoher Stufe steif schlagen, dabei die restlichen 2 EL (30 g) Vanillezucker einrieseln lassen.

4 Zerdrückte Himbeeren so unter die geschlagene Sahne ziehen, dass sich ein Marmormuster ergibt.

5 Auf vier Gläser oder Dessertschalen verteilen und mit den ganzen Himbeeren garnieren. Sofort servieren.

TIPP

Reste des Fools lassen sich zugedeckt im Kühlschrank bis zu 2 Tage aufbewahren.

FÜR 6 PERSONEN

Die Anregung zu dieser Mousse lieferte mir der klassische vietnamesische Eiskaffee, der auf starkem kaltem Kaffee und gezuckerter Kondensmilch basiert. Ich würde die Mousse nicht gerade zum Frühstück empfehlen, aber unbedingt als köstlichen Abschluss eines Abendessens.

KAFFEE-MOUSSE

1 Dose gezuckerte Kondensmilch (400 g; z. B. Milchmädchen)

•

1 EL (15 ml) Instant-Espressopulver, plus 1 TL (5 ml) zum Garnieren (nach Belieben)

•

500 g Sahne (vorzugsweise 35 %), gut gekühlt

ELEKTRISCHES HANDRÜHRGERÄT

6 AUFLAUFFÖRMCHEN (INHALT 175 ML) ODER DESSERTSCHALEN

KLEINES FEINMASCHIGES SIEB

1 In einer großen Schüssel die Kondensmilch mit dem Espressopulver verrühren. Zugedeckt für etwa 1 Std. in den Kühlschrank stellen.

2 Die Kaffee-Kondensmilch-Mischung aus dem Kühlschrank nehmen und durchrühren. Mit der kalten Sahne übergießen und das Ganze mit den Rührbesen des Handrührgeräts auf kleiner Stufe kurz vermischen. Anschließend die Mischung auf höchster Stufe etwa 10 Min. schlagen, bis weiche Spitzen stehen bleiben.

3 Die Masse mit einem Löffel auf Förmchen oder Dessertschalen verteilen. Nach Belieben zum Garnieren das Espressopulver durch ein feinmaschiges Sieb darüberstäuben. Zum Festwerden die Mousse zugedeckt 4 Std. oder über Nacht in den Kühlschrank stellen.

TIPPS

Instant-Espressopulver bekommt man in gut sortierten Lebensmittelgeschäften.

Ist Mousse nicht Ihr Ding? Könnte ich Sie dann vielleicht mit einer Kaffee-Eiscreme locken? Dafür geben Sie die aufgeschlagene Masse einfach in eine luftdicht schließende Gefrierdose (ohne das Espressopulver zum Garnieren) und stellen die Dose mind. 6 Std. oder bis zu 2 Wochen ins Tiefkühlfach.

Die Mousse lässt sich zugedeckt im Kühlschrank bis zu 2 Tage aufbewahren.

FÜR 8 PERSONEN

Gäbe es eine Auszeichnung für das beste unkonventionelle Weihnachtsdessert, dann stünde sie Lyn zu, einer Freundin meiner Mutter. Alljährlich brachte sie diese cremige Süßspeise, der man ihren Aufenthalt im Tiefkühlfach überhaupt nicht anmerkt, zu Moms Weihnachtsfeier mit. Und obwohl der Tisch sich förmlich bog unter Leckereien jeder Art, ließ ich all das weitgehend links liegen zugunsten einer Portion (oder auch zweier) von Lyns Ahornsirup-Pannacotta. Und ich bereue keine einzige davon!

AHORNSIRUP-PANNACOTTA

1 Pck. gemahlene Gelatine (9 g)

•

500 ml Ahornsirup

•

750 g Sahne (vorzugsweise 35 %), gut gekühlt

ELEKTRISCHES HANDRÜHRGERÄT

8 AUFLAUFFÖRMCHEN (INHALT 175 ML) ODER DESSERTSCHALEN, LEICHT GEBUTTERT

1 In einer mittelgroßen hitzefesten Schüssel die Gelatine mit 1 EL (15 ml) Wasser anrühren. Beiseitestellen.

2 In einem kleinen Topf 375 ml Ahornsirup bei mittlerer Hitze unter gelegentlichem Rühren in etwa 5 Min. aufkochen lassen. Den heißen Sirup sofort über die gequollene Gelatine gießen und 1–2 Min. rühren, bis die Gelatine vollständig gelöst ist. Die Mischung etwa 30 Min. abkühlen lassen. Ein Stück Frischhaltefolie direkt auf die Oberfläche legen und die Schüssel für 1–1½ Std. in den Kühlschrank stellen, bis der Sirup kalt ist und eine puddingartige Konsistenz hat.

3 In einer großen Schüssel 500 g kalte Sahne mit den Rührbesen des Handrührgeräts auf hoher Stufe steif schlagen. Das Sirupgelee behutsam unter die steif geschlagene Sahne ziehen (siehe Tipp). Die Masse mit einem Löffel auf die vorbereiteten Förmchen oder Dessertschalen verteilen und glatt streichen. Mit Frischhaltefolie abdecken und für mind. 2 Std. oder über Nacht ins Tiefkühlfach stellen.

4 Unmittelbar vor dem Servieren 250 g Sahne in einer mittelgroßen Schüssel mit den Rührbesen des Handrührgeräts auf hoher Stufe steif schlagen.

5 Auf jede Pannacotta-Portion 1 Klecks geschlagene Sahne geben und mit etwa 1 EL (15 ml) Ahornsirup beträufeln. Reste des Desserts sofort wieder ins Tiefkühlfach stellen (Haltbarkeit bis zu 1 Woche).

TIPP

Falls der gelierte Ahornsirup zu fest geworden ist, müssen Sie ihn, bevor er unter die geschlagene Sahne gezogen werden kann, erst wieder etwas geschmeidiger machen. Dafür das Gelee in einer mittelgroßen mikrowellengeeigneten Schüssel in der Mikrowelle auf hoher Stufe in 15-Sekunden-Intervallen leicht verflüssigen und dabei gelegentlich durchrühren. Das Gelee darf aber nicht warm werden.

FÜR 4 PERSONEN

Mein Mann weiß ganz genau, wie ich ticke. Wenn wir im Restaurant essen und er Crème brûlée auf der Speisekarte entdeckt, erinnert er mich beim Bestellen daran, Platz für das Dessert zu lassen. Während ich bei Crème caramel locker nein sagen kann, versagt meine Selbstbeherrschung komplett bei dieser seidenzarten Köstlichkeit unter einer Karamellkruste.

CRÈME BRÛLÉE

375 g Sahne (vorzugsweise 35 %)

•

6 Eigelb (L), raumtemperiert

•

75 g Vanillezucker (s. S. 22)

BACKOFEN AUF 150° VORHEIZEN

4 AUFLAUFFÖRMCHEN (INHALT 175 ML) ODER KLEINE WECKGLÄSER (SIEHE TIPPS)

BRÄTER

FLAMBIERBRENNER (NACH BELIEBEN)

1 In einer mittelgroßen Schüssel Sahne, Eigelbe und 55 g Vanillezucker mit einem Schneebesen verrühren.

2 Die cremige Mischung gleichmäßig auf vier Förmchen verteilen und diese in den Bräter stellen. Heißes Wasser in den Bräter gießen, bis die Förmchen etwa zur Hälfte im Wasser stehen.

3 Die Cremes im vorgeheizten Ofen auf der mittleren Schiene 45–60 Min. garen, bis sie, wenn man den Bräter leicht rüttelt, kaum noch wackeln oder bis an einem in der Mitte eingestochenen Messer beim Herausziehen keine Creme mehr haftet.

4 Die heißen Förmchen vorsichtig aus dem Wasserbad heben (z. B. mit einer Küchenzange) und auf einem Kuchengitter in 45–60 Min. auf Raumtemperatur abkühlen lassen. Anschließend zugedeckt für mind. 6 Std. oder bis zu 4 Tage in den Kühlschrank stellen.

5 Unmittelbar vor dem Servieren überschüssige Feuchtigkeit von der Cremeoberfläche abtupfen, dann die Oberflächen mit dem restlichen Vanillezucker (20 g) so bestreuen, dass sie jeweils vollständig mit Zucker bedeckt sind. Jedes Förmchen kurz umdrehen und behutsam auf den Formboden klopfen, um überschüssigen Zucker zu entfernen. Zum Karamellisieren die Flamme des Flambierbrenners, falls verwendet, in einem Abstand von 5–7,5 cm über den Cremeoberflächen kreisen lassen, bis der Zucker geschmolzen ist und ein dunkles Bernsteingelb angenommen hat. Achten Sie dabei darauf, dass der Zucker nicht stellenweise verbrennt. (Alternativ den Backofengrill vorheizen. Die Förmchen auf einem Backblech auf der obersten Schiene in den Ofen schieben und den Zucker 2–5 Min. karamellisieren lassen. Den Zucker dabei stets im Blick behalten und das Blech nach Bedarf drehen, sodass der Zucker in allen Förmchen gleichmäßig karamellisieren kann.)

6 Die Cremes vor dem Servieren etwa 15 Min. ruhen lassen, bis die Karamellkruste fest geworden ist.

TIPPS

In flachen Förmchen verteilt sich die Hitze während des Garens besonders gleichmäßig, was die Gefahr verringert, dass die Cremes übergaren.

Die übrigen Eiweiße können Sie tiefkühlen (s. S. 15) und dann für Baisers (s. S. 46) oder Italienische Mandelmakronen (s. S. 33) verwenden.

ERGIBT 8 STÜCK

Dieses Rezept ist eine vereinfachte Version der in Florida so berühmten Key Lime Pies, die mit »echten« Limetten, auch mexikanische Limetten genannt (sie wachsen auf den Florida Keys), zubereitet werden. Sie sind um einiges aromatischer als die handelsüblichen Früchte, die ich hier verwende. Sollten Sie das (unwahrscheinliche) Glück haben, die deutlich kleineren Key-Limetten auftreiben zu können, benötigen Sie zwischen 16 und 20 Früchte. Einen Extrakick bekommen meine »Lime Pies« durch den Ingwerkeksboden.

LIMETTENTÖRTCHEN MIT INGWERBODEN

4 Limetten (davon 2 Bio-Limetten)

•

8 runde Ingwerkekse (Ø etwa 5 cm)

•

1 Dose gezuckerte Kondensmilch (400 g; z. B. Milchmädchen)

BACKOFEN AUF 180° VORHEIZEN

12ER-MUFFINFORM, 8 MULDEN AUSGEKLEIDET MIT LEICHT GEFETTETEN PAPIERFÖRMCHEN

1 Die beiden Bio-Limetten heiß abwaschen und trocken tupfen. Von den Bio-Limetten 2 EL (30 ml) Schale fein abreiben. Anschließend alle Limetten auspressen und 80 ml Saft abmessen. (Bleibt Saft übrig, diesen für eine andere Verwendung aufbewahren, siehe Tipps.)

2 In jedes Papierförmchen 1 Ingwerkeks legen.

3 In einer mittelgroßen Schüssel die Kondensmilch mit 1 EL (15 ml) Limettenabrieb und den 80 ml Limettensaft mit einem Schneebesen verrühren.

4 Die Mischung gleichmäßig über die Ingwerkekse löffeln und glatt streichen. Mit dem restlichen Limettenabrieb bestreuen.

5 Die Törtchen im vorgeheizten Ofen auf der mittleren Schiene 8–10 Min. backen, bis die Füllung eben fest geworden ist. Wenn man die Form behutsam rüttelt, soll sie nicht mehr wackeln, darf aber keine Farbe angenommen haben.

6 In der Form auf einem Kuchengitter auf Raumtemperatur abkühlen lassen. Danach zugedeckt für mind. 4 Std. oder bis zu 3 Tage in den Kühlschrank stellen. Kalt oder raumtemperiert genießen.

TIPPS

Übrig gebliebener Limettenabrieb und -saft lassen sich für eine spätere Verwendung einfrieren (s. S. 17).

In einer verschlossenen Gefrierdose lassen sich die Törtchen im Tiefkühlfach bis zu 6 Monate aufbewahren. Vor dem Servieren über Nacht im Kühlschrank oder aber in 30 Min. bei Raumtemperatur auftauen lassen.

FÜR 8 PERSONEN

Kulinarische Wörterbücher behaupten, diese klassische britische Süßspeise sei an der Eliteschule namens Eton College erfunden worden, wo sie traditionell bei Cricket-Matches serviert wird. Ich behaupte, es handelt sich schlicht um ein grandioses Patentrezept zur Verwertung zerbrochener Baisers.

ETON MESS MIT ERDBEEREN

420 g Erdbeeren, entkelcht und in Stücke geschnitten (TK-Früchte aufgetaut)

•

500 g Sahne (vorzugsweise 35 %), gut gekühlt

•

8 Baisers (etwa 100 g; aus dem Supermarkt oder einer Bäckerei)

STANDMIXER

ELEKTRISCHES HANDRÜHRGERÄT

1 Die Hälfte der Erdbeeren im Standmixer auf hoher Stufe glatt pürieren. In einer mittelgroßen Schüssel das Püree mit den übrigen Erdbeeren mischen und 10 Min. ruhen lassen.

2 In einer großen Schüssel die kalte Sahne mit den Rührbesen des Handrührgeräts auf hoher Stufe steif schlagen.

3 Über der geschlagenen Sahne 7 Baisers zerbröckeln und die Baisers behutsam unterheben.

4 In einer kleinen Schüssel das übrige Baiser zerbröckeln und beiseitestellen.

5 Von der Erdbeermischung etwa 125 ml abmessen und beiseitestellen. Den Rest unter die Sahne-Baiser-Mischung ziehen.

6 Die erdbeerfruchtige Sahne-Baiser-Mischung gleichmäßig auf acht Dessertschalen verteilen. Mit der beiseitegestellten Erdbeermischung und den übrigen Baiserstückchen garnieren und sofort servieren.

TIPPS

Die Erdbeeren lassen sich teilweise oder auch ganz durch Heidelbeeren und/oder Himbeeren ersetzen.

Haben Sie vielleicht selbst gemachte Baisers (s. S. 46) übrig? Diese sind deutlich kleiner als die fertig gekauften, was aber überhaupt kein Problem ist. Denn die Beeren- und Sahnemenge lässt sich ohne Weiteres passend dazu verringern.

Reste des Eton Mess lassen sich in einem luftdicht verschlossenen Behälter im Kühlschrank bis zu 2 Tage aufbewahren.

Mit Eierlikör verhält es sich ähnlich wie mit Früchtekuchen: Manche lieben ihn, andere hassen ihn. Ganz gleich aber, wie stark oder schwach die Eierlikörfraktion in Ihrer Familie ist, werden sich alle für diesen Brotauflauf begeistern, der zum Frühstück genauso gut schmeckt wie als Dessert. Und für Fans von Eierlikör mit Rum habe ich folgenden Tipp: Beträufeln oder tränken Sie den Brotauflauf nach Herzenslust mit Rum-Butter-Sauce (s. S. 210). Ich werde dabei nicht hinsehen und schon gar nicht auf die Uhr schauen, versprochen!

BROTAUFLAUF MIT EIERLIKÖR

250 g Rosinenbrot (möglichst mit Zimt), in 2,5 cm große Würfel geschnitten (siehe Tipps)

•

4 Eier (L)

•

500 ml Eierlikör

AUFLAUFFORM AUS GLAS/KERAMIK/EMAILLE (20 × 20 CM), GEBUTTERT

1 Brotwürfel in der vorbereiteten Form verteilen.

2 Eier in eine große Schüssel aufschlagen und zusammen mit dem Eierlikör mit einem Schneebesen verquirlen. Die Brotwürfel damit übergießen und durchmischen, bis die Würfel gleichmäßig überzogen sind. Zugedeckt für mind. 1 Std. oder bis zu 1 Tag in den Kühlschrank stellen.

3 Den Backofen auf 190° vorheizen.

4 Den Auflauf im vorgeheizten Ofen auf der mittleren Schiene 35–45 Min. backen, bis er locker aufgegangen und in der Mitte fest und außen kräftig gebräunt ist. Aus dem Ofen nehmen und 15 Min. ruhen lassen. Den Brotauflauf warm servieren.

TIPPS

Das Rosinenbrot für dieses Rezept sollte möglichst vom Vortag stammen. Falls es ganz frisch ist, würfeln Sie es, verteilen die Stücke auf einem Backblech und backen sie 15 Min. in dem auf 120° vorgeheizten Ofen, dabei die Würfel gelegentlich durchmischen. Auskühlen lassen.

Reste des Brotauflaufs lassen sich zugedeckt im Kühlschrank bis zu 5 Tage aufbewahren. Man genießt den Auflauf dann entweder kalt oder erwärmt ihn in einer mikrowellengeeigneten Schüssel in der Mikrowelle auf hoher Stufe in 30-Sekunden-Intervallen, dabei das Brot zwischendrin zerpflücken.

NASCHWERK

Ahornsirup-Popcorn *169*

Schwarzwälder-Kirsch-Fudge *170*

Kleine Schoko-Karamell-Brezeln *173*

Sponge Toffee *174*

Salzige Sahnetoffees *177*

Sesam-Honig-Krokant *178*

Nusskrokant *179*

Kandierte Schoko-Orangenschalen *180*

FÜR 4–6 PERSONEN

Diese Abwandlung des Karamell-Popcorns ist knusprig und herrlich leicht. Wer es gehaltvoller mag, kann die Zutaten für den Überzug verdoppeln und verlängert dann die Backzeit auf 45 Min. Ich bin allerdings ziemlich sicher, dass Ihnen die nachfolgende Version zusagen wird. Schließlich ist es ja so: Je leichter der Überzug, desto mehr kann man vertilgen.

AHORNSIRUP-POPCORN

1,5 l aufgepopptes Popcorn (siehe Tipps)

•

125 ml Ahornsirup

•

60 g gesalzene Butter

BACKOFEN AUF 135° VORHEIZEN

ZUCKER- ODER FETTTHERMOMETER (NACH BELIEBEN)

BACKBLECH MIT RAND, AUSGELEGT MIT BACKPAPIE

1 Popcorn in eine sehr große hitzefeste Schüssel geben. Sie sollte reichlich Platz zum Durchmischen bieten. Alternativ zwei Schüsseln verwenden.

2 In einem mittelgroßen Topf Ahornsirup und Butter mit 1 Prise Salz bei mittlerer Hitze unter ständigem Rühren aufkochen. Anschließend ohne Rühren köcheln lassen, bis ein Zucker- oder Fettthermometer 125° anzeigt. Alternativ geben Sie einen Tropfen des heißen Sirups in ein Glas Eiswasser. Wenn sich der Tropfen zu einer Kugel formt, die aber noch weich genug ist, dass man sie mit den Finger zusammendrücken kann, ist die Temperatur des Sirups richtig.

3 Den heißen Sirup über das Popcorn träufeln und dabei ständig durchmischen, bis alle Stücke gleichmäßig mit Sirup überzogen sind. Auf dem vorbereiteten Blech verteilen.

4 Im vorgeheizten Ofen auf der mittleren Schiene in etwa 30 Min. knusprig backen, dabei nach 15 Min. durchmischen.

5 Popcorn auf dem Blech etwa 15 Min. abkühlen lassen. In mundgerechte Stücke brechen und warm oder ausgekühlt genießen.

TIPPS

Zur Herstellung von 1,5 l aufgepopptem Popcorn benötigen Sie etwa 75 g Popcorn-Mais.

Restliches Popcorn lässt sich in einem luftdicht verschlossenen Behälter bei Raumtemperatur bis zu 2 Wochen aufbewahren.

ERGIBT 25 STÜCK

In meiner Kindheit galt Schwarzwälder Kirschtorte als der beste aller Geburtstagskuchen. Ich liebte die Kombination aus dunkler Schokolade und Kirschen. Dieses weiche Karamellkonfekt beglückt mit den klassischen Geschmacksnoten einer Schwarzwälder Kirschtorte, ohne dafür eine aufwendige Schichttorte bauen zu müssen. Die eigentliche Schwierigkeit besteht darin, die Wartezeit zu überbrücken, bis man endlich zulangen kann.

SCHWARZWÄLDER-KIRSCH-FUDGE

380 g zartbittere Schokotropfen

•

1 Dose gezuckerte Kondensmilch (400 g; z. B. Milchmädchen)

•

160 g getrocknete Kirschen

AUFLAUFFORM AUS GLAS/KERAMIK/EMAILLE (20 × 20 CM), AUSGELEGT MIT BACKPAPIER

1 Schokotropfen und Kondensmilch in einer großen mikrowellengeeigneten Schüssel vermischen. In der Mikrowelle auf hoher Stufe in 30-Sekunden-Intervallen erhitzen, dabei zwischendrin durchrühren, bis die Tropfen geschmolzen sind. (Alternativ die Zutaten in einem mittelgroßen Topf bei schwacher Hitze unter ständigem Rühren erwärmen, bis die Tropfen geschmolzen sind.) Anschließend 110 g getrocknete Kirschen einrühren.

2 Die Mischung in die vorbreitete Form gießen und glatt streichen. Restliche Kirschen darüberstreuen und leicht in die Masse drücken, damit sie haften bleiben.

3 Zum Festwerden etwa 1 Std. oder über Nacht in den Kühlschrank stellen. Vor dem Servieren in 25 kleine Quadrate schneiden.

TIPP

In einem luftdicht verschlossenen Behälter lässt sich das Fudge bei Raumtemperatur bis zu 2 Wochen aufbewahren.

ERGIBT 24 STÜCK

Besonders ambitionierte Naschkatzen könnten hier die selbst gemachten Salzigen Sahnetoffees (s. S. 177) verwenden. Doch fertig gekaufte weiche Karamellbonbons tun es auch.

KLEINE SCHOKO-KARAMELL-BREZELN

24 salzige Mini-Brezeln

•

12 Sahnetoffees, halbiert

•

225 g dunkle Schokolade (70% Kakaoanteil), gehackt

2 QUADRATISCHE STÜCKE BACKPAPIER (25 x 25 CM)

1 Einen flachen mikrowellengeeigneten Teller mit einem Stück Backpapier bedecken. Darauf die Hälfte der Brezeln nebeneinander legen und in die Mitte der Brezeln jeweils 1 Bonbonhälfte setzen. In der Mikrowelle auf hoher Stufe in 15-Sekunden-Intervallen erhitzen, bis die Sahnetoffees ganz weich, aber noch nicht zerlaufen sind. Brezeln auf der Papierunterlage auf ein Kuchengitter heben und leicht abkühlen lassen.

2 Inzwischen die übrigen Brezeln und Bonbonhälften auf einem zweiten Stück Backpapier genauso verarbeiten und anschließend abkühlen lassen.

3 Die Brezeln vom Backpapier nehmen und direkt auf das Kuchengitter legen. Gebrauchte Backpapierstücke unter das Kuchengitter legen, damit es die im nächsten Schritt herabtropfende Schokolade auffängt.

4 In einer mittelgroßen mikrowellengeeigneten Schüssel die Schokolade in der Mikrowelle auf hoher Stufe in 30-Sekunden-Intervallen erhitzen und dabei zwischendrin durchrühren, bis sie zu etwa drei Vierteln geschmolzen ist. Aus der Mikrowelle nehmen und behutsam weiterrühren, bis die gesamte Schokolade geschmolzen ist. (Alternativ die Schokolade über dem Wasserbad schmelzen, s. S. 16.)

5 Die flüssige Schokolade mithilfe eines Löffels gleichmäßig über die Karamell-Brezeln träufeln (Teile der Brezeln und des Karamells dürfen ruhig noch zu sehen sein). Zum Festwerden die Brezeln für etwa 10 Min. in den Kühlschrank geben.

TIPP

In einem luftdicht verschlossenen Behälter lassen sich die Brezeln bei Raumtemperatur bis zu 2 Wochen aufbewahren.

ERGIBT ETWA 24 STÜCK

An Weihnachten rückte mein Großvater immer mit einem großen, völlig schmucklosen Pappkarton an, dessen Inhalt jedoch umso spektakulärer war: Dosen mit alkoholfreien Sprudelgetränken, Bonbons und Schokoriegel ohne Ende und irgendwo mittendrin versteckt noch ein goldfarbener Klumpen: Sponge Toffee! Die Festtage waren die einzige Zeit, in der unsere Mutter diese klebrige Süßigkeit mit Plombenzieherqualitäten in unserem Haus erlaubte. Heute könnte ich sie mir in Minutenschnelle und jederzeit selbst zubereiten, aber nach wie vor verbinde ich Sponge Toffee mit besonderen Anlässen. Und bei jedem Stück, das ich dann genieße, denke ich an meinen Großvater.

SPONGE TOFFEE

440 g Zucker

•

125 ml Bonbonsirup (Glukosesirup; aus dem Fachgeschäft für Backzubehör)

•

4 TL (20 ml) Natron, gesiebt

WEITER TOPF, MIND. 10 CM HOCH

ZUCKER- ODER FETTTHERMOMETER (NACH BELIEBEN)

METALLBACKFORM (33 × 23 CM), AUSGEKLEIDET MIT LEICHT GEFETTETEM BACKPAPIER (S. S. 12)

1 In einem hohen, weiten Topf Zucker und Bonbonsirup mit 125 ml Wasser verrühren und bei mittlerer Hitze unter gelegentlichem Rühren erwärmen, bis die Mischung aufkocht. Anschließend die Hitze etwas erhöhen und die Mischung bei mittlerer bis starker Hitze ohne zu rühren 8–12 Min. kochen (die Oberfläche muss völlig mit Blasen überzogen sein), bis der Sirup ein sattes Bernsteingelb angenommen hat und das Thermometer 150° anzeigt. Alternativ geben Sie ein wenig Sirup in kaltes Wasser. Wenn sich sofort harte Fäden bilden, stimmt die Temperatur. Sollte der Sirup während des Kochens an einigen Stellen dunkel und an anderen hell sein, den Topf vorsichtig schwenken, damit sich die Stellen ohne Rühren vermischen können.

2 Natron einrühren und dabei Abstand halten, da der Karamell aufschäumt.

3 Die schaumige Masse zügig in die vorbereitete Backform gießen, die Form auf ein Kuchengitter setzen und das Sponge Toffee in 1–2 Std. auskühlen lassen. Aus der Form heben und in mundgerechte Stücke zerbrechen.

TIPPS

Neben dem Backpapier sollten Sie auch die Innenseiten des Messbechers für den Bonbonsirup fetten, damit der Sirup besser und vollständig herausfließen kann.

Zucker verbrennt schnell. Lassen Sie daher den kochenden Sirup nicht eine Sekunde aus den Augen. Ist der Karamell dann doch mal leicht angebrannt, verzweifeln Sie nicht. Manchen Leuten schmeckt Karamell mit einer feinen Röstnote sogar noch besser!

Feuchtigkeit verwandelt den eigentlich knusprigen Sponge Toffee in eine unerfreulich klebrige Masse. Bei hoher Luftfeuchtigkeit also am besten schnell aufessen. In trockener Umgebung lässt sich Sponge Toffee in einem luftdicht verschlossenen Behälter bei Raumtemperatur bis zu 1 Woche aufbewahren. Auf keinen Fall darf es in den Kühlschrank.

ERGIBT 64 STÜCK

Weiche Karamellbonbons machen auf eine Weise glücklich, wie es harte Bonbons, und seien sie noch so farbenfroh und köstlich, nicht vermögen. Liegt das daran, wie die weiche Masse verführerisch nachgibt, wenn man hineinbeißt? Oder vielleicht an der butterigen Süße, die sich am Gaumen breitmacht, während man das Sahnetoffee zerkaut? Ich bin mir nicht sicher und sollte dieser Frage unbedingt weiter nachgehen.

SALZIGE SAHNETOFFEES

440 g Zucker

•

150 g Sahne (vorzugsweise 35 %)

•

115 g gesalzene Butter, gewürfelt

WEITER TOPF MIT SCHWEREM BODEN

ZUCKER- ODER FETTTHERMOMETER (NACH BELIEBEN)

AUFLAUFFORM AUS GLAS/KERAMIK/EMAILLE (20 x 20 CM), AUSGELEGT MIT BACKPAPIER

64 QUADRATE (10 CM) AUS WACHS- ODER BACKPAPIER

1 In einem weiten Topf mit schwerem Boden den Zucker bei mittlerer Hitze erwärmen, bis er zu schmelzen beginnt und am Rand leicht bräunt. Mit einem Schneebesen die gebräunten Stückchen in die Mitte ziehen, damit sie nicht verbrennen. Falls der Zucker klumpig oder körnig aussieht, die Hitze verringern und behutsam rühren, bis die Zuckerklümpchen schmelzen. Weiterkochen lassen, bis ein bernsteinfarbener Karamell entstanden ist und sich ganz leichter Rauch entwickelt.

2 Den Topf vom Herd nehmen und vorsichtig die Sahne unterrühren. Achtung: Die Mischung kann spritzen.

3 Erneut aufsetzen und bei mittlerer Hitze unter ständigem Rühren kochen lassen, bis ein Zucker- oder Fettthermometer 120° anzeigt oder ein Tropfen des Sahne-Karamells sich in einem Glas Eiswasser zur Kugel formt, die aber noch weich genug ist, dass man sie mit den Fingern zusammendrücken kann.

4 Vom Herd nehmen. Die Butter und 1 kräftige Prise Salz einrühren.

5 Die Masse in die vorbereitete Form gießen und zum Festwerden mind. 4 Std. oder über Nacht ruhen lassen.

6 Sahne-Karamell auf ein Küchenbrett stürzen, das Backpapier abziehen und den Karamell mit einem scharfen Messer in 2,5 cm große Quadrate schneiden. Die Bonbons einzeln in Wachs- oder Backpapier wickeln und die Papierenden jeweils verdrehen. Bei Raumtemperatur lassen sich die Sahnetoffee bis zu 2 Wochen aufbewahren.

TIPP

Für einen extra salzigen Geschmack die Sahnetoffees kurz vor dem Verzehr mit 1 Prise Salz bestreuen. Die Bonbons aber nicht im Voraus salzen, weil das Salz sie sonst schmelzen lässt.

ERGIBT 32 STÜCK

Sesamriegel sind wohl vielen von uns seit Kindertagen vertraut. Hier kommt eine selbst gemachte Version zusammen mit einem vorsorglichen Warnhinweis: Zahnprothesen wie auch lockere Füllungen sind wegen der klebrigen Konsistenz in akuter Gefahr. Vielleicht sollte ich den Sesamkrokant sicherheitshalber doch lieber selbst essen ...

SESAM-HONIG-KROKANT

220 g Zucker

•

340 g Honig

•

125 g Sesamsamen, geröstet (siehe Tipps)

MITTELGROSSER TOPF MIT SCHWEREM BODEN

ZUCKER- ODER FETTTHERMOMETER (NACH BELIEBEN)

BACKBLECH MIT RAND, AUSGELEGT MIT EINER DOPPELTEN LAGE GEFETTETEM BACKPAPIER ODER EINER SILIKON-BACKMATTE

1 In einem mittelgroßen Topf mit schwerem Boden Zucker und Honig verrühren. Bei mittlerer Hitze zum Kochen bringen, dabei gelegentlich umrühren, anschließend ohne Rühren 15–20 Min. kochen lassen, bis die Mischung ein dunkles Bernsteingelb angenommen hat und ein Zucker- oder Fettthermometer 155° anzeigt. Alternativ einen Tropfen der Mischung in Eiswasser geben: Es müssen sich harte Fäden bilden, die beim Biegen brechen.

2 Zügig die Sesamsamen zusammen mit 1 kräftigen Prise Salz einrühren. Die Masse sofort auf das vorbereitete Backblech gießen und mit einem gefetteten Teigschaber 3 mm hoch verstreichen. Das Blech auf ein Kuchengitter setzen und die Masse 10 Min. ruhen lassen.

3 Anschließend mit einem gefetteten Messer 32 Quadrate in die Masse einkerben. (Für kleinere Krokantstücke die Quadrate zusätzlich diagonal halbieren.) Falls die Einkerbungen wieder verschwinden, ist die Masse noch nicht fest genug und muss etwas länger ruhen. Danach erneut einkerben.

4 Die Masse in etwa 2 Std. auskühlen lassen. Dann entlang der Einkerbungen in Stücke brechen.

TIPPS

Sesamsamen entfalten durch Rösten ein herrlich nussiges Aroma. Dafür eine kleine Pfanne ohne Fett bei mittlerer Hitze erwärmen, den Sesam hineingeben und 3–5 Min. unter ständigem Rühren rösten, bis die Samen goldbraun sind. Sofort vom Herd nehmen und zum Auskühlen auf einem großen Teller verteilen.

Der Sesam-Honig-Krokant lässt sich in einem luftdicht verschlossenen Behälter bei Raumtemperatur bis zu 1 Woche aufbewahren.

ERGIBT ETWA 24 STÜCK

Für einen meiner Kochkurse probierte ich mehrere Male ein Rezept für Nusskrokant aus. Schließlich war mein Vorrat dermaßen angewachsen, dass ich beschloss, ihn zu einer Weihnachtsfeier mitzubringen. Beim Anblick all der schicken Schokoladentrüffeln und bunten Plätzchen war ich sicher, mein unspektakulärer Braun-in-Braun-Krokant würde nicht einmal bemerkt. Ich irrte mich gewaltig, denn er war im Nu weg. »Das habe ich ja seit Jahren nicht mehr gegessen!«, sagten die Gäste mit vollem Mund. Das Auge isst mit, heißt es. Doch wie es scheint, spielen beim Genuss auch Erinnerungen eine Rolle.

NUSSKROKANT

440 g Zucker

•

450 g geröstete und gesalzene Nusskernmischung

•

1 TL (5 ml) Meersalzflocken

BACKBLECH MIT HOHEM RAND, AUSGELEGT MIT BACKPAPIER

1 In einem großen Topf den Zucker mit 175 ml Wasser verrühren und bei mittlerer Hitze erwärmen. Gelegentlich rühren und dabei darauf achten, dass keine Zuckerkörner an den Topfrand gelangen. Gegebenenfalls mit einem feuchten Backpinsel abstreifen, damit sie nicht verbrennen. Wenn der Zucker vollständig gelöst ist, den Sirup bei mittlerer bis starker Hitze zum Kochen bringen, ohne dabei zu rühren. Ohne Rühren 12–20 Min. kochen lassen, bis ein dunkelbernsteingelber Karamell entstanden ist. Sofort vom Herd nehmen und die Nusskerne einrühren.

2 Die heiße Masse auf das vorbereitete Backblech gießen, gleichmäßig verstreichen und mit Salzflocken bestreuen. Das Blech auf ein Kuchengitter setzen und den Krokant in etwa 2 Std. auskühlen lassen.

3 Den Krokant auf der Papierunterlage vom Blech auf ein Küchenbrett heben. Mithilfe eines Teigrollers oder Fleischklopfers in etwa 24 Stücke brechen.

TIPPS

Falls Sie keine geröstete und gesalzene Nussmischung zur Hand haben, die Nüsse einfach in dem auf 180° vorgeheizten Backofen 7–10 Min. rösten, bis sie intensiv duften. Beim Einrühren der Nüsse in den Karamell fügen Sie dann 1 kräftige Prise Salz hinzu.

Die Krokantbröckchen, die beim Zerteilen entstehen, nicht wegwerfen. Streuen Sie sie beispielsweise über Eiscreme.

Um nach vollbrachter Tat das Abspülen zu erleichtern, den Topf bis auf Höhe etwaiger Zuckerreste mit Wasser füllen, den Rührlöffel hineingeben und das Wasser erhitzen, bis es beinahe kocht. So löst sich der Zucker ganz von selbst.

In einem luftdicht verschlossenen Behälter lässt sich der Krokant bis zu 2 Wochen aufbewahren.

ERGIBT ETWA 100 G

Meine Großmutter machte zu Weihnachten immer kandierte Zitrusschalen. Jedes Mal, wenn ich an der Schüssel mit den Süßigkeiten vorbeikam, stibitzte ich mir ein Stück und hörte erst damit auf, wenn mein Magen rebellierte. Ich habe eine Schwäche für diese Art von Süßigkeit, doch der Aufwand, sie selbst herzustellen, erschien mir bislang zu groß. In allen Rezepten, die ich kannte, mussten die Zitrusfrüchte erst mühsam geschält, dann dreimal aufgekocht und tagelang getrocknet werden. Doch jetzt habe ich – dank des Sparschälers – eine weitaus zeitsparendere Methode gefunden, muss dafür aber umso mehr an meiner Selbstbeherrschung arbeiten.

KANDIERTE SCHOKO-ORANGENSCHALEN

3 Bio-Orangen (vorzugsweise Navel)

•

220 g Zucker plus 50 g Zucker zum Wälzen

•

115 g dunkle Schokolade (70% Kakaoanteil), gehackt

BACKBLECH, AUSGELEGT MIT BACKPAPIER

1 Die Orangen heiß abwaschen und trocken tupfen. Mit einem Sparschäler von den Orangen die Schalen ohne die bittere weiße Haut in breiten Streifen abziehen. (Die Früchte anderweitig verwenden.) Die Schalen (die natürlich unterschiedlich lang sind) in 5 mm breite Streifen schneiden.

2 Einen mittelgroßen Topf zur Hälfte mit Wasser füllen und das Wasser bei starker Hitze zum Kochen bringen. Schalenstreifen hineingeben und 5 Min. köcheln lassen, um ihnen die Bitterstoffe zu entziehen. Abseihen und dabei das Kochwasser weggießen.

3 Im selben Topf 220 g Zucker mit 250 ml Wasser bei mittlerer bis starker Hitze unter Rühren aufkochen, dann die Hitze sofort auf mittlere bis kleine Stufe stellen. Schalen in den Sirup geben und ohne Rühren im offenen Topf 20–25 Min. köcheln lassen, bis sie glasig sind und der Sirup eingedickt ist.

4 Topf vom Herd nehmen und die Schalen im Sirup auskühlen lassen. Ein Kuchengitter mit einer Unterlage aus mehreren Lagen Küchenpapier auf die Arbeitsfläche stellen. Schalenstreifen mit einem Schaumlöffel oder einer Gabel aus dem Sirup heben und auf das Kuchengitter legen. Etwa 1 Std. ruhen lassen, bis sich die Streifen klebrig anfühlen.

5 Auf einen flachen Teller 50 g Zucker streuen und die Schalenstreifen im Zucker wälzen, bis sie gleichmäßig überzogen sind. Auf dem Kuchengitter etwa 4 Std. trocknen lassen.

6 In einer mikrowellengeeigneten Schüssel die Schokolade in der Mikrowelle auf hoher Stufe in 30-Sekunden-Intervallen erhitzen und dabei zwischendrin durchrühren, bis sie zu drei Vierteln geschmolzen ist. Aus der Mikrowelle nehmen und behutsam weiterrühren, bis die gesamte Schokolade geschmolzen ist. (Alternativ die Schokolade über dem Wasserbad schmelzen, s. S. 16.)

7 Die kandierten Orangenschalen jeweils mit einem Ende in die Schokolade tauchen und auf das vorbereitete Blech legen, bis der Schokoüberzug fest geworden ist. Mit Zwischenlagen aus Backpapier in einem luftdicht verschlossenen Behälter bei Raumtemperatur bis zu 2 Wochen aufbewahren.

EIS(KALTES)

Vanilleeis *184*

Salted Caramel Eis *187*

Pfirsich-Fruchteis *188*

Erdbeereis *191*

Mango-Sorbet *192*

Sahniges Orangeneis am Stiel *194*

Eiskaffee am Stiel *195*

Veganes Kokoseis am Stiel *197*

Prickelndes Grapefruiteis am Stiel *198*

Weißes Schokoladeneis am Stiel mit Himbeeren *201*

ERGIBT ETWA 1 L

Keine Eismaschine vorhanden? Kein Problem! Gezuckerte Kondensmilch (wohlgemerkt nicht normale Kondensmilch) bildet bei diesem Rezept die Zutat, mit der alles beginnt. Köstliche Leichtigkeit ergibt sich dann durch geschlagene Sahne. Einfach ins Tiefkühlfach gestellt, gewinnt die Eismasse ohne regelmäßiges Durchrühren einen wunderbaren Schmelz. Küchengöttinnen von Nigella Lawson bis Martha Stewart wissen, wovon ich rede.

VANILLEEIS

1 Dose gezuckerte Kondensmilch (400 g; z. B. Milchmädchen)

•

2 TL (10 ml) Vanilleextrakt

•

500 g Sahne (vorzugsweise 35 %), gut gekühlt

ELEKTRISCHES HANDRÜHRGERÄT

GEFRIERDOSE (1 L INHALT) ODER KASTENFORM (23 × 13 CM), AUSGEKLEIDET MIT FRISCHHALTEFOLIE ODER BACKPAPIER

1 In einer großen Schüssel die gezuckerte Kondensmilch mit Vanilleextrakt und 1 Prise Salze verrühren.

2 In einer zweiten großen Schüssel die Sahne mit den Rührbesen des Handrührgeräts auf hoher Stufe steif schlagen.

3 Etwa ½ Tasse (125 ml) der geschlagenen Sahne unter die gewürzte Kondensmilch ziehen. Anschließend die restliche Sahne behutsam unterheben.

4 Die Masse mit einem Löffel in die vorbereitete Gefrierdose oder Form geben und gleichmäßig verteilen. Ein Stück Frischhaltefolie direkt auf die Oberfläche legen, damit sich keine Eiskristalle bilden. Mind. 6 Std. oder über Nacht tiefkühlen.

5 Vor dem Servieren 15 Min. antauen lassen.

TIPP

Das Eis lässt sich tiefgekühlt zwar bis zu 1 Monat aufbewahren, wird aber immer härter, je länger es lagert. Am besten innerhalb von 2 Wochen aufessen.

ERGIBT ETWA 1 L

Früher habe ich Salzkaramelleis immer auf traditionelle Art hergestellt. Das bedeutete: Zucker karamellisieren, eine reichhaltige Eiercreme zubereiten, die Mischung kühlen, durchrühren und wieder kühlen. Dann ersann ich dieses einfache Rezept. Mit ihm erreiche ich einen identischen Geschmack und die gleiche cremige Textur bei einem deutlich geringeren Arbeitsaufwand, und zwar bis hin zum Abspülen ganz am Ende.

SALTED CARAMEL EIS

300 g Dulce de Leche (s. S. 14)

•

½ TL (2 ml) Meersalzflocken (siehe Tipps) plus Salzflocken zum Garnieren (nach Belieben)

•

500 g Sahne (vorzugsweise 35 %), gut gekühlt

ELEKTRISCHES HANDRÜHRGERÄT

GEFRIERDOSE (1 L INHALT) ODER KASTENFORM (23 × 13 CM), AUSGEKLEIDET MIT FRISCHHALTEFOLIE ODER BACKPAPIER

1 In einer großen Schüssel die Dulce de Leche mit dem Salz verrühren.

2 In einer zweiten großen Schüssel die kalte Sahne mit den Rührbesen des Handrührgeräts auf hoher Stufe steif schlagen.

3 Ein Drittel der geschlagenen Sahne unter die salzige Dulce de Leche ziehen, bis Creme und Sahne gerade eben vermischt sind. Anschließend die restliche geschlagene Sahne behutsam unterheben.

4 Die Masse mit einem Löffel in die vorbereitete Gefrierdose oder Form geben und gleichmäßig verteilen. Ein Stück Frischhaltefolie direkt auf die Oberfläche legen, damit sich keine Eiskristalle bilden. Mind. 6 Std. oder über Nacht tiefkühlen.

5 Vor dem Servieren nach Belieben mit Meersalzflocken bestreuen.

TIPPS

Die Meersalzflocken lassen sich durch ⅛ TL (0,5 ml) Tafelsalz ersetzen.

Aufgrund ihres hohen Zuckergehalts bleibt diese Eiscreme sehr weich. Was nicht gleich verspeist wird, sollte sofort wieder zurück ins Tiefkühlfach wandern.

Da das Salted Caramel Eis so weich ist, lässt es sich im Tiefkühlfach bis zu 1 Monat aufbewahren und damit etwas länger als andere Eiszubereitungen dieses Kapitels.

ERGIBT ETWA 1 L

Wenn unsere Großmutter uns »Rainbow Sherbet« servierte, eine regenbogenfarbene Köstlichkeit zwischen Eiscreme und Sorbet, vermanschte ich die Schichten mit Limetten-, Orangen- und Himbeergeschmack miteinander, was eine khakibraune Pampe ergab. Meine Schwester, die säuberlich eine Eisschicht nach der anderen verspeiste, empörte sich jedes Mal lauthals, ich würde erstens mein Eis und zweitens ihr den Appetit versauen. Großmutter sprang mir genauso regelmäßig mit dem beschwichtigenden Hinweis zur Seite: »Es ist ihres, sie kann damit machen, was sie will.« Inzwischen bereite ich dieses Fruchteis ausschließlich mit Pfirsichen zu. Ein sommerlicher Genuss in reinem Sonnengelb! Falls Sie trotzdem manschen möchten, habe ich nichts dagegen.

PFIRSICH-FRUCHTEIS

560 g geschnittene oder gewürfelte TK-Pfirsiche

•

250 g fettarme Sahne (Kochsahne 18 %)

•

150 g Vanillezucker (s. S. 22)

STANDMIXER

4 EISWÜRFELFORMEN (SIEHE TIPPS)

GEFRIERDOSE (1 L INHALT) ODER KASTENFORM (23 × 13 CM), AUSGEKLEIDET MIT FRISCHHALTEFOLIE ODER BACKPAPIER

1 Im Standmixer TK-Pfirsiche mit Kochsahne und Zucker auf hoher Stufe glatt pürieren. Dabei ab und zu das Gerät ausschalten und anhaftende Reste am Mixbehälter mit einem Teigschaber nach unten schieben.

2 Die Pfirsichmischung in die Eiswürfelformen gießen. Zugedeckt mind. 2 Std. oder über Nacht tiefkühlen.

3 Die gefrorenen Pfirsichwürfel in den Mixer geben. Auf hoher Stufe zu einer glatten, cremigen Masse pürieren (die wie schmelzendes Softeis aussehen soll).

4 Die Masse in der vorbereiteten Gefrierdose oder Form gleichmäßig verteilen. Ein Stück Frischhaltefolie direkt auf die Oberfläche legen, damit sich keine Eiskristalle bilden. Mind. 4 Std. oder über Nacht tiefkühlen. Beim Servieren nicht verwendetes Fruchteis sofort wieder ins Tiefkühlfach stellen.

TIPPS

Falls Sie nicht genügend Eiswürfelformen besitzen, gießen Sie die Pfirsichmischung in eine mit Frischhaltefolie oder Backpapier ausgekleidete Metallbackform (33 × 23 cm) und lassen sie im Tiefkühlfach fest werden. Anschließend mit einem scharfen Messer in Stücke schneiden und dann weiter verarbeiten, wie ab Step 3 beschrieben.

Für eine Pfirsich-Melba-Variante das Fruchteis in Dessertschalen anrichten und mit Himbeersauce (s. S. 211) beträufeln.

Im Tiefkühlfach lässt sich das Fruchteis bis zu 3 Monate aufbewahren.

ERGIBT ETWA 1 L

Erst wenn es Erdbeeren gibt, ist für mich der Sommer gekommen. Als Vorgeschmack auf diese herrliche Zeit können Sie diese Eiscreme aber auch mit TK-Erdbeeren zubereiten.

ERDBEEREIS

420 g Erdbeeren, entkelcht und in Stücke geschnitten (TK-Früchte aufgetaut)

•

110 g Zucker

•

250 g Sahne (vorzugsweise 35 %), gut gekühlt

ELEKTRISCHES HANDRÜHRGERÄT

GEFRIERDOSE (1 L INHALT) ODER KASTENFORM (23 × 13 CM), AUSGEKLEIDET MIT FRISCHHALTEFOLIE ODER BACKPAPIER

1 In einer großen Schüssel die Erdbeeren mit dem Zucker bestreuen und durchmischen. Mind. 1 Std. bei Raumtemperatur durchziehen lassen oder zugedeckt bis zu 24 Std. in den Kühlschrank stellen.

2 Die Erdbeeren bis auf ein paar Stückchen, die erhalten bleiben sollen, kräftig mit einer Gabel zerdrücken. (Alternativ die Beeren mitsamt dem gezogenen Saft in der Küchenmaschine oder im Mixer in 3-Sekunden-Intervallen fast glatt pürieren.)

3 In einer mittelgroßen Schüssel die kalte Sahne mit den Rührbesen des Handrührgeräts auf hoher Stufe steif schlagen. Das Erdbeerpüree so unter die geschlagene Sahne ziehen, dass die Masse ein wenig marmoriert ist.

4 Die Masse in der vorbereiteten Gefrierdose oder Form gleichmäßig verteilen. Ein Stück Frischhaltefolie direkt auf die Oberfläche legen, damit sich keine Eiskristalle bilden. 6 Std. oder über Nacht tiefkühlen.

5 Vor dem Servieren 15 Min. antauen lassen.

TIPPS

Sahne lässt sich am besten steif schlagen, wenn sie gut gekühlt ist. Geben Sie daher, wenn in Ihrer Küche größere Wärme herrscht, zunächst die Schüssel und die Rührbesen für 10 Min. in den Kühlschrank.

Das Eis lässt sich tiefgekühlt zwar bis zu 1 Monat aufbewahren, wird aber immer härter, je länger es lagert. Am besten innerhalb von 2 Wochen aufessen.

ERGIBT ETWA 750 ML

Mangos sind magische Früchte. Während die meisten Sorbets einen Schuss Alkohol als Zutat benötigen, damit sie keine körnigen Eiskristalle bilden, sorgen hier die Mangos allein für ein wundervoll cremiges Ergebnis. Falls Sie dennoch ein wenig Hochprozentiges als Gute-Laune-Faktor dazugeben wollen, werde ich Sie nicht davon abhalten.

MANGO-SORBET

600 g TK-Mangowürfel

•

3 EL (45 ml) frisch gepresster Limettensaft

•

2 EL (30 ml) flüssiger Honig

STANDMIXER ODER KÜCHENMASCHINE

GEFRIERDOSE (1 L INHALT) ODER KASTENFORM (23 × 13 CM), AUSGEKLEIDET MIT FRISCHHALTEFOLIE ODER BACKPAPIER

1 Mangowürfel 30 Min. antauen lassen, bis die Stücke zwar noch kalt, aber doch so weich sind, dass sie sich mit einem spitzen Messer mühelos einstechen lassen. (Alternativ die Mangostücke in einer großen mikrowellengeeigneten Schüssel in der Mikrowelle mit der Auftaustufe 5 Min. antauen.)

2 Angetaute Mangowürfel mit Limettensaft und Honig im Mixer oder in der Küchenmaschine auf hoher Stufe in 3–4 Min. zu einem glatten Püree verarbeiten. Dabei ab und zu das Gerät ausschalten und anhaftende Reste am Mixbehälter mit einem Teigschaber nach unten schieben.

3 Die Masse in der vorbereiteten Gefrierdose oder Form gleichmäßig verteilen. Ein Stück Frischhaltefolie direkt auf die Oberfläche legen, damit sich keine Eiskristalle bilden. Mind. 4 Std. oder über Nacht tiefkühlen. Beim Servieren nicht verwendetes Sorbet sofort wieder ins Tiefkühlfach stellen.

TIPPS

Allein die Mangos sorgen hier für die cremige Konsistenz des Sorbets, weshalb Sie nach Lust und Laune auch noch andere Früchte hinzufügen können, etwa Erdbeeren, Ananas oder Pfirsiche. Damit aber auch dann das Sorbet schön cremig wird, muss der Mangoanteil mindestens 300 g der Fruchtmischung ausmachen.

Das Sorbet hält sich im Tiefkühlfach bis zu 3 Monate. Bei längerer Lagerung lassen Sie es vor dem Servieren bei Raumtemperatur 10 Min. antauen.

ERGIBT ETWA 500 ML, AUSREICHEND FÜR 4–6 STIELEISFÖRMCHEN

Ich bin mit selbst gemachtem Eis aus Kool-Aid-Getränkepulver aufgewachsen. Es war zwar eine Erfrischung, aber nicht wirklich ein Geschmackserlebnis. Ab und an verirrte sich aber eine Schachtel mit Eis am Stiel in unseren Tiefkühler, das unter einem nach Orange schmeckenden Fruchtüberzug einen sahnigen Vanilleeiskern barg. Den Kontrast fand ich wundervoll. Dieses Eis hier erinnert mich an die »Creamsicles« meiner Kindheit, ein Eis-am-Stil-Klassiker vergleichbar mit »Split«, das es bei Ihnen mal gab. Für mich jedenfalls ist das hier purer Sonnenschein am Stiel.

SAHNIGES ORANGENEIS AM STIEL

250 ml Orangensaftkonzentrat (siehe Tipps)

•

250 g Sahne (vorzugsweise 35 %)

•

55 g Vanillezucker (s. S. 22)

4–6 STIELEISFÖRMCHEN

1 In einer mittelgroßen Schüssel Orangensaftkonzentrat, Sahne und Zucker mit einem Schneebesen verrühren.

2 Die Mischung in die Stieleisförmchen gießen und die Förmchen mit dem Stielaufsatz verschließen. Mind. 6 Std. oder über Nacht tiefkühlen.

3 Um das Eis aus den Förmchen zu lösen, eine hohe Schüssel mit warmem Wasser füllen. Die Förmchen bis kurz vor ihrem Rand ins Wasser tauchen und aufpassen, dass kein Wasser in die Förmchen gelangt. In 15-Sekunden-Intervallen wiederholt eintauchen, bis sich das Eis leicht herausziehen lässt.

TIPPS

Orangensaftkonzentrat, das bei uns in der Regel als Tiefkühlprodukt überall im Handel ist, gibt es bei Ihnen womöglich nur übers Internet.

Im Tiefkühlfach lässt sich das Eis in den Förmchen bis zu 2 Monate aufbewahren.

ERGIBT ETWA 750 ML, AUSREICHEND FÜR 6–9 STIELEISFÖRMCHEN

Als ich während meiner Studienzeit Griechenland bereiste, musste ich mit meinem äußerst knappen Budget natürlich gut haushalten. Tagsüber waren die Hostels geschlossen, und so suchte ich unter dem Blätterdach der Terrassen von Tavernen Schutz vor der sengenden Sonne. Für Wein war es noch entschieden zu früh, also trank ich ohne Ende Frappé, die griechische Form des Eiskaffees. Er war erfrischend und obendrein preisgünstig. Diese Stieleis-Variante erinnert mich an jene unbeschwerten Tage unter strahlend blauem Himmel.

EISKAFFEE AM STIEL

500 ml frisch aufgebrühter starker Kaffee

•

110 g Vanillezucker (s. S. 22)

•

250 g Sahne (vorzugsweise 35 %)

6–9 STIELEISFÖRMCHEN

1 In einer mittelgroßen Schüssel den heißen Kaffee mit dem Zucker verrühren, bis der Zucker vollständig gelöst ist. Den gezuckerten Kaffee auf Raumtemperatur abkühlen lassen.

2 Die Sahne mit dem Kaffee verrühren. Die Mischung in die Stieleisförmchen gießen und die Förmchen mit dem Stielaufsatz verschließen. Mind. 6 Std. oder über Nacht tiefkühlen.

3 Um das Eis aus den Förmchen zu lösen, eine hohe Schüssel mit warmem Wasser füllen. Die Förmchen bis kurz vor ihrem Rand ins Wasser tauchen und aufpassen, dass kein Wasser in die Förmchen gelangt. In 15-Sekunden-Intervallen wiederholt eintauchen, bis sich das Eis leicht herausziehen lässt.

TIPPS

Zur Abwechslung können Sie auch einen aromatisierten Kaffee nach Wahl verwenden.

Falls Sie den Kaffee weniger süß mögen, halbieren Sie die Menge an Vanillezucker.

Im Tiefkühlfach lässt sich das Eis in den Förmchen bis zu 2 Monate aufbewahren.

ERGIBT ETWA 650 ML, AUSREICHEND FÜR 6–9 STIELEISFÖRMCHEN

Ob die Idee zu diesem Rezept meinem Wunsch entsprang, für Freunde mit Laktoseintoleranz eine Leckerei zu fabrizieren, oder vielleicht doch eher meinem ausgeprägten Faible für Kokosnuss? Hm … Heraus kam jedenfalls ein geballt kokosnussiges Vergnügen frei von Milchprodukten. Darf's noch mehr Kokosnuss sein? Dann wälzen Sie das Eis vor dem Genuss noch in Kokosraspeln. Ohne schmeckt es aber genauso. As you like it!

VEGANES KOKOSEIS AM STIEL

1 Dose Kokosnuss-Kondensmilch (360 ml; siehe Tipps)

•

1 Dose gezuckerte Kokosnuss-Kondensmilch (210 g; siehe Tipps)

•

50 g Kokosraspel, geröstet (siehe Tipps) plus nach Belieben 50 g Kokosraspel zum Wälzen

6–9 STIELEISFÖRMCHEN

1 In einer großen Schüssel Kondensmilch und gezuckerte Kondensmilch verrühren. Anschließend 50 g geröstete Kokosraspel unterrühren.

2 Die Mischung in die Stieleisförmchen gießen und die Förmchen mit dem Stielaufsatz verschließen. Über Nacht tiefkühlen.

3 Um das Eis aus den Förmchen zu lösen, eine hohe Schüssel mit warmem Wasser füllen. Die Förmchen bis kurz vor ihrem Rand ins Wasser tauchen und aufpassen, dass kein Wasser in die Förmchen gelangt. In 15-Sekunden-Intervallen wiederholt eintauchen, bis sich das Eis leicht herausziehen lässt. Vor dem Servieren nach Belieben noch in gerösteten Kokosraspeln wälzen.

TIPPS

Kokosnuss-Kondensmilch und gezuckerte Kokosnuss-Kondensmilch finden Sie unter ihren englischen Bezeichnungen *evaporated coconut milk* bzw. *sweetened condensed coconut milk* am ehesten in Onlineshops.

Zum Rösten von Kokosraspeln eine mittelgroße Pfanne ohne Fett bei mittlerer Hitze erwärmen. Kokosraspel in der Pfanne unter ständigem Rühren 2–5 Min. rösten, bis sie goldbraun sind. Sofort vom Herd nehmen und zum Auskühlen auf einem großen Teller verteilen.

Im Tiefkühlfach lässt sich das Eis in den Förmchen bis zu 2 Monate aufbewahren.

ERGIBT ETWA 750 ML, AUSREICHEND FÜR 6–9 STIELEISFÖRMCHEN

Dass Alkohol Eiscremes und Sorbets zu einer cremigen Konsistenz verhilft, ist eine allgemein anerkannte Küchenweisheit. Sie liefert mir zugleich eine Rechtfertigung, eine Flasche Schaumwein zu öffnen und dann zu spritziger Kreativität aufzulaufen. Diese ausgesprochen frische Eiscremevariante mit säuerlicher Grapefruitnote kommt als Dessert bei einem gepflegten Grillabend sicher ebenso gut an wie bei einem Brunch auf der Terrasse. Und wie wäre es damit zum Frühstück? Na ja, im Urlaub ... warum nicht?

PRICKELNDES GRAPEFRUITEIS AM STIEL

165 g Zucker

•

250 ml trockener Schaumwein

•

500 ml Pink-Grapefruitsaft

6–9 STIELEISFÖRMCHEN

1 In einem mittelgroßen Topf den Zucker mit 125 ml Schaumwein verrühren und bei mittlerer bis starker Hitze etwa 2 Min. unter gelegentlichem Rühren erwärmen, bis der Zucker vollständig gelöst ist. Vom Herd nehmen. Den restlichen Schaumwein und den Grapefruitsaft einrühren.

2 Die Mischung in die Stieleisförmchen gießen und die Förmchen mit dem Stielaufsatz verschließen. Mind. 6 Std. oder über Nacht tiefkühlen.

3 Um das Eis aus den Förmchen zu lösen, eine hohe Schüssel mit warmem Wasser füllen. Die Förmchen bis kurz vor ihrem Rand ins Wasser tauchen und aufpassen, dass kein Wasser in die Förmchen gelangt. In 15-Sekunden-Intervallen wiederholt eintauchen, bis sich das Eis leicht herausziehen lässt.

TIPPS

Für eine »erwachsenere« Version servieren Sie dieses Eis nicht als Stieleis, sondern als Sorbet. Dafür die Mischung in Eiswürfelformen statt in Stieleisformen tiefkühlen. Die gefrorenen Würfel in einem Standmixer bei hoher Geschwindigkeit glatt pürieren. Die Masse in einer verschlossenen Gefrierdose im Tiefkühlfach in etwa 6 Std. durchfrieren lassen.

Im Tiefkühlfach lässt sich das Eis in den Förmchen bis zu 2 Monate aufbewahren.

ERGIBT ETWA 500 ML, AUSREICHEND FÜR 4–6 STIELEISFÖRMCHEN

Himbeeren und süße weiße Schokolade fügen sich hier zu farbenfrohem und zart schmelzendem Eis am Stiel. Nehmen Sie es zu einem Picknick oder für ein Party-Büfett mit oder halten Sie es im Tiefkühlfach auf Vorrat – als Belohnung für den schön gemähten Rasen oder einfach zum Verwöhnen zwischendurch. Eine knackige schokoladige Hülle bekommt das Ganze mit der Schoko-Eisglasur (s. S. 208).

WEISSES SCHOKOLADENEIS AM STIEL MIT HIMBEEREN

225 g weiße Schokolade (mind. 30 % Kakaobutteranteil), gehackt

•

250 g Sahne (vorzugsweise 35 %)

•

100 g TK-Himbeeren, aufgetaut

ELEKTRISCHES HANDRÜHRGERÄT

4–6 STIELEISFÖRMCHEN

1 In einer großen mikrowellengeeigneten Schüssel weiße Schokolade und Sahne mischen. In der Mikrowelle in 30-Sekunden-Intervallen erhitzen und dabei zwischendrin durchrühren, bis die Schokolade geschmolzen ist. (Alternativ über dem Wasserbad schmelzen, s. S. 16.) Die Mischung abkühlen lassen, dann zugedeckt im Kühlschrank in 15–30 Min. auskühlen lassen.

2 Die kalte weiße Schoko-Sahne mit den Rührbesen des Handrührgeräts auf hoher Stufe 8–10 Min. schlagen, bis weiche Spitzen stehen bleiben.

3 In einer kleinen Schüssel die aufgetauten Beeren durchrühren, sodass sie ein wenig zerfallen, und unter die geschlagene Schoko-Sahne ziehen.

4 Die Masse mit einem Löffel in die Stieleisförmchen geben und die Förmchen dabei wiederholt auf eine harte Unterlage klopfen, um Luftblasen zu entfernen. Die Förmchen mit dem Stielaufsatz verschließen und mind. 4 Std. oder über Nacht ins Tiefkühlfach stellen.

5 Um das Eis aus den Förmchen zu lösen, eine hohe Schüssel mit warmem Wasser füllen. Die Förmchen bis kurz vor ihrem Rand ins Wasser tauchen und aufpassen, dass kein Wasser in die Förmchen gelangt. In 15-Sekunden-Intervallen wiederholt eintauchen, bis sich das Eis leicht herausziehen lässt.

TIPPS

Variieren Sie das Rezept mit Vollmilch- oder dunkler Schokolade.

Im Tiefkühlfach lässt sich das Eis in den Förmchen bis zu 2 Monate aufbewahren.

SAUCEN & TOPPINGS

Schokoschlagsahne *205*

Crème Chantilly *206*

Mom's Schokosauce *207*

Schoko-Eisglasur *208*

Rum-Butter-Sauce *210*

Himbeersauce *211*

Sauce von karamellisierter weißer Schokolade *213*

ERGIBT ETWA 750 ML

Was spricht gegen simple geschlagene Sahne? Nichts. Warum also an einem Erfolgsrezept herumdoktern? Aber mal andersherum gefragt: Was spräche gegen Schokoschlagsahne? Ebenfalls nichts, rein gar nichts. Probieren Sie sie also aus, sollte Ihnen doch einmal der Sinn nach Abwechslung stehen. Zum Beispiel auf Pfirsich-Cobbler (s. S. 149), Himbeer-Eiscreme-Muffins (s. S. 85) oder Ahornsirup-Pannacotta (s. S. 157).

SCHOKOSCHLAGSAHNE

500 g Sahne (vorzugsweise 35 %), gut gekühlt

•

25 g ungesüßtes Kakaopulver

•

65 g Puderzucker

ELEKTRISCHES HANDRÜHRGERÄT

1 In einer großen Schüssel die kalte Sahne, das Kakaopulver und den Puderzucker mit den Rührbesen des Handrührgeräts bei niedriger Geschwindigkeit gut verrühren. Dann die Schokosahne auf hoher Stufe steif schlagen. Die Schokoschlagsahne sofort verwenden oder zugedeckt bis zu 3 Tage in den Kühlschrank stellen.

TIPPS

Falls Kakaopulver oder Puderzucker Klümpchen enthalten, beide Zutaten zunächst fein sieben und erst dann zur Sahne geben. So lässt sich die Sahne gleichmäßiger aufschlagen.

Beim Schlagen von Sahne fliegen schnell mal Spritzer durch die Gegend. Wenn Sie ein elektrisches Handrührgerät verwenden, könnten Sie zur »Schadensbegrenzung« die Rührschüssel ins Spülbecken stellen. Alternativ breiten Sie ein sauberes Geschirrtuch über die Schüssel und das Gerät, bis die Sahne dicklich geworden ist.

In meiner Kindheit und Jugend kannte ich nur geschlagene Sahne, die mit einem Hauch Vanillezucker gesüßt war. Erst später wurde mir klar, dass unsere Mutter uns über all die Jahre immer Crème Chantilly serviert hatte. Anstelle von Haushaltszucker verwendet diese Version Puderzucker. Er verleiht der Sahne Stabilität, weshalb sie sich gut im Voraus zubereiten lässt.

CRÈME CHANTILLY

500 g Sahne (vorzugsweise 35 %), gut gekühlt

•

35 g Puderzucker

•

1 TL (5 ml) Vanilleextrakt

ELEKTRISCHES HANDRÜHRGERÄT

In einer großen Schüssel die Sahne mit Puderzucker und Vanilleextrakt mit den Rührbesen des Handrührgeräts auf hoher Stufe steif schlagen. Sofort servieren oder zugedeckt bis zu 3 Tage im Kühlschrank aufbewahren.

TIPP

Sahne lässt sich am besten schlagen, wenn sie sehr kalt ist. In einer warmen Küche sollten Sie daher die Sahne zuvor für 10 Min. ins Tiefkühlfach und die Schüssel sowie die Rührbesen in der Zwischenzeit in den Kühlschrank geben.

ERGIBT ETWA 500 ML

Wenn meine Schwestern und ich völlig durchfroren vom Schlittschuhlaufen kamen, kredenzte unsere Mutter uns eine heiße Schokolade. Die Schokosauce, die sie dafür mit Milch mischte, bereitete sie immer selbst zu. Ich dagegen fand den fertigen Schokosirup aus der gelben Plastikflasche mit einem Hasen drauf, den all die anderen Kinder hatten, viel, viel cooler und fühlte mich benachteiligt. Als ich jedoch herausfand, wie einfach ihre Sauce zu machen ist und ich mir nie mehr Sorgen machen müsste, dass sie ausgehen könnte, habe ich Mom verziehen und ihr Rezept im Nu auswendig gelernt.

MOM'S SCHOKOSAUCE

220 g Zucker

95 g ungesüßtes Kakaopulver

1 Prise feines Meersalz

1 In einem mittelgroßen Topf den Zucker und das Kakaopulver in 250 ml Wasser verrühren und die Mischung mit 1 Prise Meersalz würzen. Das Ganze bei mittlerer bis starker Hitze unter Rühren aufkochen. Die Hitze anschließend sofort auf kleine bis mittlere Stufe stellen und die Sauce unter Rühren 3 Min. köcheln lassen.

2 Vom Herd nehmen und abkühlen lassen. Die Schokosauce warm oder raumtemperiert servieren.

TIPPS

Im Voraus zubereitete oder übrig gebliebene Sauce gießen Sie in einen luftdicht schließenden Behälter. Die warme Sauce zunächst ohne Deckel auf Raumtemperatur abkühlen lassen und dann direkt auf die Oberfläche ein Stück Frischhaltefolie legen, damit sich keine Haut bildet. Im verschlossenen Behälter bleibt die Sauce bis zu 1 Monat haltbar.

Um die Sauce aufzuwärmen, die Folienauflage entfernen und die Sauce in eine mikrowellengeeignete Schüssel umfüllen. In der Mikrowelle auf hoher Stufe in 15-Sekunden-Intervallen erwärmen und dabei gelegentlich umrühren. (Alternativ in einem kleinen Topf bei schwacher bis mittlerer Hitze unter gelegentlichem Rühren erwärmen.)

ERGIBT ETWA 500 ML

Zu den sommerlichen Highlights meiner Kindheit zählte immer ein Ausflug in den Vergnügungspark. Dazu gehörte jedes Mal auch ein Softeis mit Schokohaube, die beim Hineinbeißen so toll krachte. Dass sie eher nach nichts schmeckte, spielte für mich keine Rolle. Mittlerweile erwarte ich neben besagter Konsistenz natürlich auch Geschmack. Glücklicherweise gibt es Kokosöl inzwischen fast überall zu kaufen, und so lässt sich eine köstliche Eisglasur ohne Aufwand und in Minutenschnelle selbst fabrizieren. Also, lassen Sie es krachen! Dafür ist man nie zu alt.

SCHOKO-EISGLASUR

225 g dunkle Schokolade (70 % Kakaoanteil), gehackt

•

165 g Kokosöl (siehe Tipps)

•

4 EL (60 ml) Bonbonsirup (Glukosesirup; aus dem Fachgeschäft für Backzubehör)

1 In einer mittelgroßen mikrowellengeeigneten Schüssel die Schokolade mit Kokosöl und Sirup mischen. In der Mikrowelle auf hoher Stufe in 15-Sekunden-Intervallen erhitzen und dabei zwischendrin durchrühren, bis die Schokolade geschmolzen ist. (Alternativ die Mischung in einem mittelgroßen Topf auf dem Herd bei mittlerer Hitze unter gelegentlichem Rühren erwärmen, bis die Schokolade geschmolzen ist.)

2 Zuletzt 1 großzügige Prise Salz einrühren.

3 Die Sauce über Eiscreme gießen. Innerhalb von etwa 30 Sek. erstarrt sie, was auch daran zu erkennen ist, dass die Schokolade jetzt, anstatt zu glänzen, ein wenig stumpf aussieht.

TIPPS

Durch natives Kokosöl erhält die Schokosauce eine leichte Kokosnote. Falls sie die nicht mögen, verwenden Sie raffiniertes Kokosöl. Solange das Produkt bei Raumtemperatur fest bleibt, kommt es für dieses Rezept infrage. Nicht geeignet ist hingegen MCT-Öl (die Abkürzung steht für *medium-chain triglyceride,* also mittelkettige Fettsäuren), das bei Raumtemperatur flüssig ist.

In einer Squeeze- bzw. Quetschflasche lässt sich die Sauce besonders gut verteilen.

Bei Raumtemperatur (nicht im Kühlschrank) in einem luftdicht verschlossenen Behälter gelagert hält sich die Sauce bis zu 1 Monat. Falls sie hart geworden ist, kann sie in einer kleinen mikrowellengeeigneten Schüssel auf mittlerer Stufe in 15-Sekunden-Intervallen wieder verflüssigt werden. Die verschlossene Quetschflasche gibt man für 2 Min. in eine Schüssel mit heißem Wasser.

ERGIBT ETWA 500 ML

Diese Sauce besitzt beinahe Superkräfte. In kleiner Menge auf trocken gewordenen Kuchen geträufelt, wird sie quasi zur Retterin in der Not, und eine geschmacklich müde Eiscreme katapultiert sie mit Power in eine neue Dimension. Doch mal abgesehen von ihren Superkräften schmeckt sie auch himmlisch zum Brotauflauf mit Eierlikör (s. S. 165), zu Vanilleeis (s. S. 184) oder dem Pfirsich-Cobbler (s. S. 149).

RUM-BUTTER-SAUCE

220 g Zucker

•

115 g gesalzene Butter, gewürfelt

•

125 ml Rum (siehe Tipps)

1 In einem mittelgroßen Topf Zucker, Butter und Rum bei schwacher bis mittlerer Hitze etwa 3 Min. erwärmen und dabei gelegentlich umrühren, bis die Butter geschmolzen ist. 1 großzügige Prise Salz einrühren. Anschließend die Sauce bei mittlerer bis starker Hitze aufkochen und unter ständigem Rühren 3 Min. kochen lassen.

2 Den Topf vom Herd nehmen und die Sauce etwa 15 Min. abkühlen lassen. Warm servieren.

TIPPS

Ich verwende bevorzugt braunen Rum, doch mit weißem Rum gelingt die Sauce ebenfalls. Auch Bourbon oder kanadischer Whisky eignen sich.

Im Voraus zubereitete oder übrig gebliebene Sauce gießen Sie in einen luftdicht schließenden Behälter. Die warme Sauce zunächst ohne Deckel auf Raumtemperatur abkühlen lassen und dann direkt auf die Oberfläche ein Stück Frischhaltefolie legen, damit sich keine Haut bildet. Im verschlossenen Behälter bleibt die Sauce im Kühlschrank bis zu 2 Wochen haltbar.

Machen Sie sich keine Sorgen, falls die Sauce beim Abkühlen ausflockt. Das lässt sich einfach wie folgt beheben: Sauce in eine mittelgroße mikrowellengeeignete Schüssel gießen, die festen Butterstückchen mit einer Gabel zerteilen und die Sauce in der Mikrowelle auf hoher Stufe in 15-Sekunden-Intervallen erwärmen, dabei gelegentlich durchrühren. Alternativ die Sauce auf dem Herd in einem kleinen Topf bei mittlerer Hitze unter gelegentlichem Rühren aufwärmen.

ERGIBT ETWA 500 ML

Beim Einkaufen wundere ich mich immer, dass man reihenweise Flaschen mit Schokoladen- oder auch Karamellsauce sieht, aber erstaunlich wenig Himbeersauce. Offenbar ist sie weithin unterschätzt, obwohl sie allein schon mit ihrer hinreißenden rubinroten Farbe punktet und zudem mit so vielem geschmacklich harmoniert. Probieren Sie sie zum Beispiel auf Bananen-Pancakes (s. S. 87), Mandarinen-Muffins (s. S. 86), Ahornsirup-Pannacotta (s. S. 157) oder Vanilleeis (s. S. 184). Die Liste ließe sich beliebig fortsetzen …

HIMBEERSAUCE

560 g TK-Himbeeren (siehe Tipps)

•

75 g Zitruszucker (s. S. 21)

•

1 EL (15 ml) Vanilleextrakt

FEINMASCHIGES SIEB

1 Die Himbeeren zusammen mit dem Zitruszucker und Vanilleextrakt in einem mittelgroßen Topf bei mittlerer bis starker Hitze unter gelegentlichem Rühren aufkochen. Anschließend die Temperatur reduzieren und die Mischung noch etwa 5 Min. köcheln lassen, bis die Beeren zerfallen sind, dabei ab und zu umrühren.

2 Ein feinmaschiges Sieb in eine mittelgroße hitzefeste Schüssel einhängen. Die Himbeermischung mithilfe eines Schöpf- oder großen Löffels durch das Sieb streichen und dabei seitlich am Sieb haftende Himbeerreste nach unten streifen. Die Kerne im Sieb wegwerfen.

3 Die Sauce warm oder raumtemperiert servieren.

TIPPS

Falls Sie frische Himbeeren verwenden, müssen Sie während des Kochens eventuell 2–4 EL (30–60 ml) Wasser dazugießen.

Im Kühlschrank hält sich die Sauce bis zu 4 Tage. Sie können sie kühlschrankkalt servieren oder in 15-Minuten-Intervallen unter gelegentlichem Rühren in der Mikrowelle beziehungsweise auf dem Herd in einem kleinen Topf bei schwacher bis mittlerer Hitze erwärmen.

ERGIBT ETWA 375 ML

Eigentlich war es ein Fehler meinerseits, der zur Entstehung dieser Sauce führte. Ich hatte nämlich bei der Herstellung der Trüffelpralinen aus karamellisierter weißer Schokolade (s. S. 126) zu viel Sahne verwendet. Aber weil ich niemals etwas verschwende, schwenkte ich eben kurzerhand in Richtung einer Sauce um. Mit ihrer feinen Salznote passt sie wundervoll zu Eis, zu den Birnen-Mandel-Pies (s. S. 104) oder dem Pfirsich-Cobbler (s. S. 149).

SAUCE VON KARAMELLISIERTER WEISSER SCHOKOLADE

230 g karamellisierte weiße Schokolade (s. S. 126, Step 1), gehackt

•

250 g Sahne (vorzugsweise 35 %)

•

1–2 Prisen feines Meersalz

1 Die gehackte karamellisierte Schokolade in eine mittelgroße hitzefeste Schüssel geben. Beiseitestellen.

2 In einem kleinen Topf die Sahne bei mittlerer Hitze erwärmen, bis sich am Rand Bläschen bilden. Sie darf aber nicht aufkochen.

3 Die heiße Sahne über die Schokolade gießen. 1 Minute ruhen lassen, dann erst zu einer glatten Sauce verrühren. 1 Prise feines Meersalz unterrühren, abschmecken und eventuell weiteres Salz zufügen. Die Sauce warm oder raumtemperiert servieren.

TIPPS

Reste der Sauce lassen sich in einem luftdicht verschlossenen Behälter im Kühlschrank bis zu 1 Woche aufbewahren.

Zum Aufwärmen die kühlschrankkalte Sauce in einer mittelgroßen mikrowellengeeigneten Schüssel in der Mikrowelle auf hoher Stufe in 15-Sekunden-Intervallen auf die gewünschte Temperatur bringen, dabei zwischendrin durchrühren. (Alternativ auf dem Herd in einem kleinen Topf bei schwacher bis mittlerer Hitze unter gelegentlichem Rühren erwärmen.)

DANK

Einfachheit ist mitunter trügerisch. Obwohl hier ausschließlich Rezepte mit jeweils nur drei Zutaten versammelt sind, waren etliche Beteiligte, oftmals ungesehen hinter den Kulissen, vonnöten, um dieses Buch auf die Beine zu stellen. Meinen Freunden und meiner Familie gebühren für ihre Unterstützung Küsse mit Schoko-Deko, und an mein Verlagsteam geht ein Teller voller Kekse eher professioneller Art.

Konkret möchte ich mich bei folgenden Menschen bedanken, wobei die Reihenfolge rein zufällig ist. Ich habe nämlich die Namen auf kleine Zettel geschrieben, diese in einen Topf geworfen und dann »Lottofee« gespielt. Nun bitte ich also um einen Trommelwirbel für:

Emily Richards, die den 3-Zutaten-Ball ins Rollen brachte. Dein Vertrauen in mich weiß ich zu schätzen.

Meinen Ehemann Andrew, der lange leiden musste. Du hast nicht einen Moment geklagt, als das Manuskript von der Küche aus über das Esszimmer ins Wohnzimmer ausuferte und beinahe noch dein Arbeitszimmer geflutet hätte. Geduldig, verständnis- und liebevoll hast du mich auch dann weiter angespornt, als bei mir längst der Zuckerschock eingesetzt hatte. Wenn du mich das nächste Mal um Shortbread bittest, werde ich nicht mit einem »Schon wieder?!« reagieren, sondern fragen: »Wie viel?«

Meine Schwester Robin, die regelmäßig vorbeikam, um Geschirr zu spülen und alles mit aufzubauen, Zutaten besorgte, Stromkabel legte und Rezepte testete und bei alledem stets beteuerte, sie würde gern mehr tun. Mousse au Chocolat auf Lebenszeit ist dir dafür sicher.

Meine Schwester Allison, die als Spülmamsell fungierte, mir Geschirr auslieh, meine Vorräte durchsah und für diverse Zutaten, die sich irgendwann eingeschlichen hatten, kreative Verwendungsmöglichkeiten fand. Mit deiner begeisterten Reaktion auf die Zitronen-Ingwer-Parfaits hast du mich genau im richtigen Moment beflügelt.

Meine Mutter, der ich bei einem Rezepttest eine ihrer geliebten Obstschalen von Théodore Haviland Limoges zerschlug (die ich mir ungefragt ausgeliehen hatte). Sie hat mich daraufhin nicht enterbt, ersparte mir sogar jegliche Schuldgefühle und bot mir stattdessen mehr Geschirr an, wann immer ich es brauchte. Du hast mir die Liebe zum Backen mitgegeben und bist mir bis heute eine Inspiration in der Küche. Ich werde für dich Eton Mess zubereiten, wann immer du magst.

Meinen Vater, der im Garten, als es dort hoch herging, für Ordnung sorgte und außerdem zahlreiche Besorgungen machte, während ich ununterbrochen backte (und fluchte). Für dich soll es Shortbread zukünftig nicht nur an Weihnachten geben.

Meredith Dees, meine Redakteurin, dank derer ich die Dinge nicht verkomplizierte, als ich auf dem besten Weg dazu war. Du hast mich stets in die richtige Richtung manövriert, wenn ich mich ganz offensichtlich mal wieder im Kreis drehte.

Sue Sumeraj, meine andere Redakteurin, deren Scharfblick, Besonnenheit und außerordentliche Problemlösungsfähigkeit dafür sorgten, dass alles im Rahmen blieb und ich nicht ausrastete. Das Prickelnde Grapefruiteis am Stiel ist speziell für dich.

Jennifer MacKenzie für ihre wachen Augen und ihr feines Rezeptgespür. Du lässt mich gut dastehen, und dafür nimm dir den letzten Keks. Er ist auf jeden Fall für dich.

Bob Dees, dessen Beharrlichkeit und Glauben an dieses 3-Zutaten-Konzept mich zunehmend hin zu einem 3-buchstabigen und klaren YES bewegte. Ich war skeptisch. Du warst unbeirrt.

Das Fototeam, dessen Kreativität, Talent und Erfahrung diese einfachen Rezepte in Bildern lebendig werden ließ. Ein dickes Dankeschön geht an Lauren Miller, die auf dem übervollen Tisch ihre ganze fotografische Kunst und Kunstfertigkeit entfaltete; an Rayna Schwartz für ihre tollen Requisiten und ihr stetes Lächeln; an Dara Sutin, die ihre Aufmerksamkeit für kleinste Details und ein unglaubliches Foodstyling-Geschick bewies.

Kevin Cockburn und das gesamte Buchgestaltungsteam dafür, dass alle Fäden auf so kreative und ansprechende Weise zusammengeführt wurden. Mit eurer Vision des Buches habt ihr meine kühnsten Erwartungen übertroffen.

REGISTER

A

Abmessen von Zutaten 12, 23, 24
Ahornsirup-Pannacotta 157
Ahornsirup-Popcorn 169
Ananas, flambierte 135
Ananaskuchen, gestürzter 72
Apfel: Karamell-Apfel-Tartes 107
Apfelringe, knusprige 139
Apfelrosen 97

B

Baba de Camelo 152
Backbleche und -formen 11–12, 23, 24
Backen
Backofentemperatur 23, 24
  Fehlerquellen 23–24
  Grundzubereitungen 19–22
  Zubehör 11–13, 23, 24
  Zutaten 14–17
Backofentemperatur 23, 24
Backpapier 12
Baiser: Eton Mess mit Erdbeeren 162
Baisers 46
Baklavas, Mini- 103
Balsamico-Erdbeeren aus dem Ofen 136
Banane
  Banoffee-Dreiecke 98
  Haferflocken-Rosinen-Cookies 44
Bananen-Pancakes 87
Banoffee-Dreiecke 98
Beere
  Blätterteig-Diamanten mit Beerenfüllung 94
  Mit weißer Schokolade überbackene Beeren 146
  Siehe auch einzelne Beeren; Konfitüre
Birne: Ingwer-Birnen-Crisp 147
Birnen-Mandel-Pies 104
Blätterteig 14–15
  Apfelrosen 97
  Banoffee-Dreiecke 98
  Birnen-Mandel-Pies 104
  Brie-Heidelbeer-Päckchen 102
  Eccles Cakes 106
  Erdbeer-Windräder 93
  Karamell-Apfel-Tartes 107
  Schweinsohren 101
  TK-Blätterteig 15
Blätterteig-Diamanten mit Beerenfüllung 94
Bonbonsirup
  Granola-Riegel mit Mandelgeschmack 59
  Schoko-Eisglasur 208
  Sponge Toffee 174
Brezel: Kleine Schoko-Karamell-Brezeln 173
Brie-Heidelbeer-Päckchen 102
Brotauflauf mit Eierlikör 165
Brownie: Nuss-Nougat-Brownies 60
Bruchschokolade marmoriert 115
Butter 14
  Einfaches Shortbread 34
  Haferflocken-Riegel 55
  Ingwer-Cookies 30
  Kokoskekse 42
  Pfirsich-Cobbler 149
  Raumtemperatur annehmen lassen 24
  Rum-Butter-Sauce 210
  Salted Caramel Cookies 31
  Salzige Sahnetoffees 177
Buttermilch-Scones 88

C

Cerealien (als Zutat)
  Granola-Riegel mit Mandelgeschmack 59
  Marshmallow-Choco-Puffs 63
  Schoko-Mandel-Knusperriegel 56
Cheesecake: Weißer Schoko-Cheesecake 79
Choco Puffs: Marshmallow-Choco-Puffs 63
Chocolate-Chip-Kühlschranktorte 76
Cookies *siehe* Kekse
Cranberry: Weihnachtskonfekt mit Pistazien und Cranberrys 116
Crème brûlée 158
Crème Chantilly 206

D

Dreiecke: Banoffee-Dreiecke 98
Dulce de Leche 14
  Baba de Camelo 152
  Karamell-Apfel-Tartes 107
  Salted Caramel Eis 187

E

Eccles Cakes 106
Ei 15, 23–24
  Baba de Camelo 152
  Bananen-Pancakes 87
  Brotauflauf mit Eierlikör 165
  Crème brûlée 158
  Nuss-Nougat-Brownies 60
  Nuss-Nougat-Cookies 43
  Nuss-Nougat-Tassenkuchen für zwei 82
  Peanut Butter Cookies 28
  Peanut Butter Mug Cake 81
  Schokokuchen aus der Tasse 80
  Tiefkühlen 15
  Trennen 15
  Zitrus-Mandel-Kuchen 68
  Siehe auch Eiweiß
Eierlikör: Brotauflauf mit Eierlikör 165
Einfaches Shortbread 34
Eis (als Zutat)
  Himbeer-Eiscreme-Muffins 85
  Whoopie Pies mit Eiscreme 38
Eis am Stiel 194–201
  Stieleisförmchen 12
Eis(kaltes) 183–192
Eisglasur, Schoko- 208
Eiskaffee am Stiel 195
Eiweiß
  Baisers 46
  Italienische Mandelmakronen 33
  Steif schlagen 15, 23–24
Erdbeere
  Balsamico-Erdbeeren aus dem Ofen 136
  Eton Mess mit Erdbeeren 162
  Schoko-Erdbeeren 119
Erdbeereis 191
Erdbeer-Fruchtleder 132
Erdbeer-Windräder 93
Erdnussbutter
  Karamellsplitter 47
  Peanut Butter Cookies 28
  Peanut Butter Mug Cake 81
  Schokoladige Peanut Butter Cups 112
Eton Mess mit Erdbeeren 162

F

Filoteig: Mini-Baklavas 103
Flambierte Ananas 135
Frischkäse
  Erdbeer-Windräder 93
  Weißer Schoko-Cheesecake 79
Früchte *siehe* Beeren; einzelne Früchte; Fruchtsaft; Trockenfrüchte
Früchtekuchen, irischer 71
Früchteriegel 140
Fruchtsaft
  Geleefrüchte 143
  Irischer Früchtekuchen 71
  Prickelndes Grapefruiteis am Stiel 198
  Tiefkühlen 17

G

Gebäck 91–109
Gelatine
  Geleefrüchte 143
  Ahornsirup-Pannacotta 157
Geleefrüchte 143
Gestürzter Ananaskuchen 72
Glucosesirup *siehe* Bonbonsirup
Granola-Riegel mit Mandelgeschmack 59
Grapefruiteis am Stiel, prickelndes 198
Grundzubereitungen 19–22

H

Haferflocken 16
Haferflocken-Riegel 55
Haferflocken-Rosinen-Cookies 44
Heidelbeere: Brie-Heidelbeer-Päckchen 102
Himbeere/Himbeerkonfitüre
  Apfelrosen 97
  Blätterteig-Diamanten mit Beerenfüllung 94
  Weißes Schokoladeneis am Stiel mit Himbeeren 201
Himbeer-Eiscreme-Muffins 85
Himbeer-Fool 155
Himbeeren mit Schokofüllung 120
Himbeersauce 211
Honig
  Erdbeer-Fruchtleder 132
  Mango-Sorbet 192
  Mini-Baklavas 103
  Sesam-Honig-Krokant 178

I

Ingwer-Birnen-Crisp 147
Ingwer-Cookies 30

Ingwer: Knusprige Apfelringe 139
Ingwerkekse (als Zutat)
Ingwer-Birnen-Crisp 147
Limettentörtchen mit Ingwerboden 161
Zitronen-Ingwer-Parfaits 75
Irischer Früchtekuchen 71
Italienische Mandelmakronen 33

K

Kaffee: Eiskaffee am Stiel 195
Kaffee-Mousse 156
Kakaopulver 16
Mom's Schokosauce 207
Schokokuchen aus der Tasse 80
Schokoschlagsahne 205
Siehe auch Schokolade
Kandierte Schoko-Orangenschalen 180
Karamell-Apfel-Tartes 107
Karamell: Kleine Schoko-Karamell-Brezeln 173
Karamellsplitter 47
Käse
Brie-Heidelbeer-Päckchen 102
Erdbeer-Windräder 93
Weißer Schoko-Cheesecake 79
Kekse (als Zutat)
Chocolate-Chip-Kühlschranktorte 76
Ingwer-Birnen-Crisp 147
Limettentörtchen mit Ingwerboden 161
S'mores 64
Toffee-Happen Chicago Mix 52
Zitronen-Ingwer-Parfaits 75
Kekse & Cookies 27–49
Kirsch-Mandel-Törtchen 109
Kleine Schoko-Karamell-Brezeln 173
Knabbereien 51–64
Knusprige Apfelringe 139
Kokos
Veganes Kokoseis am Stiel 197
Weiche Kokosmakronen 41
Kokoskekse 42
Kondensmilch, gezuckerte 14
Kaffee-Mousse 156
Limettentörtchen mit Ingwerboden 161
Schwarzwälder-Kirsch-Fudge 170
Toffee-Happen Chicago Mix 52
Vanilleeis 184
Weiche Kokosmakronen 41
Konfekt (als Zutat)
Banoffee-Dreiecke 98
Kleine Schoko-Karamell-Brezeln 173
S'mores 64
Toffee-Happen Chicago Mix 52
Konfekt: Weihnachtskonfekt mit Pistazien und Cranberrys 116
Konfitüre (als Zutat)
Apfelrosen 97
Blätterteig-Diamanten mit Beerenfüllung 94
Brie-Heidelbeer-Päckchen 102
Erdbeer-Windräder 93
Kirsch-Mandel-Törtchen 109
Kuchen 67–82
Kuchengitter 12
Kühlschranktorte: Chocolate-Chip-Kühlschranktorte 76

L

Limette
Mango-Sorbet 192
Mit weißer Schokolade überbackene Beeren 146
Limettentörtchen mit Ingwerboden 161

M

Makronen
Italienische Mandelmakronen 33
Weiche Kokosmakronen 41
Mandarinen-Muffins 86
Mandelmus
Birnen-Mandel-Pies 104
Granola-Riegel mit Mandelgeschmack 59
Schoko-Mandel-Knusperriegel 56
Mandeln
Baba de Camelo 152
Kirsch-Mandel-Törtchen 109
Mandeln, gemahlene
Früchteriegel 140
Italienische Mandelmakronen 33
Zitrus-Mandel-Kuchen 68
Mango-Sorbet 192
Marshmallow-Choco-Puffs 63
Marshmallow: S'mores 64
Mehl
Einfaches Shortbread 34
Ingwer-Cookies 30
Nuss-Nougat-Brownies 60
Nuss-Nougat-Cookies 43
Nuss-Nougat-Tassenkuchen für zwei 82
Mehl mit Backpulver und Salz 19
Bananen-Pancakes 87

Buttermilch-Scones 88
Gestürzter Ananaskuchen 72
Himbeer-Eiscreme-Muffins 85
Irischer Früchtekuchen 71
Mandarinen-Muffins 86
Pfirsich-Cobbler 149
Salted Caramel Cookies 31
Whoopie Pies mit Eiscreme 38
Milch *siehe* Kondensmilch; Sahne
Milchkaramellcreme: Baba de Camelo 152
Mini-Baklavas 103
Mit weißer Schokolade überbackene Beeren 146
Mom's Schokosauce 207
Mousse au Chocolat, schnelle 122
Mousse au Chocolat ohne Ei und Sahne 121
Muffinförmchen13
Muffins 85– 86
Mug Cakes 80–82

N

Naschwerk 167–180
Nusskrokant 179
Nuss-Nougat-Brownies 60
Nuss-Nougat-Cookies 43
Nuss-Nougat-Tassenkuchen für zwei 82
Nüsse
Mini-Baklavas 103
Trüffelpralinen mit Haselnüssen 129
Siehe auch Erdnussbutter; Mandeln; Mandelmus; Nuss-Nougat; Pistazie

O

Obst *siehe* Früchte
Orange
Irischer Früchtekuchen 71
Kandierte Schoko-Orangenschalen 180
Sahniges Orangeneis am Stiel 194
Zitruszucker 21

P

Parfait: Zitronen-Ingwer-Parfaits 75
Peanut Butter Cookies 28
Peanut Butter Mug Cake 81
Siehe auch Erdnussbutter
Pfirsich-Cobbler 149
Pfirsich-Fruchteis 188
Pie
Birnen-Mandel-Pies 104
Whoopie Pies mit Eiscreme 38
Pistazie: Weihnachtskonfekt mit Pistazien und Cranberrys 116
Popcorn: Ahornsirup-Popcorn 169
Prickelndes Grapefruiteis am Stiel 198

R

Riegel
Früchteriegel 140
Granola-Riegel mit Mandelgeschmack 59
Haferflocken-Riegel 55
Schoko-Mandel-Knusperriegel 56
Rohrzucker, brauner 14
Haferflocken-Riegel 55
Salted Caramel Cookies 31
Siehe auch Zucker
Rose: Apfelrosen 97
Rosine: Haferflocken-Rosinen-Cookies 44
Rum-Butter-Sauce 210
Rum: Flambierte Ananas 135

S

S'mores 64
Sahne 14
Ahornsirup-Pannacotta 157
Chocolate-Chip-Kühlschranktorte 76
Crème brûlée 158
Crème Chantilly 206
Eton Mess mit Erdbeeren 162
Himbeer-Fool 155
Himbeeren mit Schokofüllung 120
Kaffee-Mousse 156
Sahniges Orangeneis am Stiel 194
Salzige Sahnetoffees 177
Sauce von karamellisierter weißer Schokolade 213
Schnelle Mousse au Chocolat 122
Schokoschlagsahne 205
Schokoterrine 125
Steif schlagen 24
Trüffelpralinen aus karamellisierter weißer Schokolade 126
Trüffelpralinen mit Haselnüssen 129
Weißer Schoko-Cheesecake 79
Zitronen-Ingwer-Parfaits 75
Zitronentöpfchen 144
Siehe auch Eis(kaltes); Eis am Stiel

Sahnetoffees (als Zutat)
Kleine Schoko-Karamell-Brezeln 173
Toffee-Happen Chicago Mix 52
Sahnetoffees, salzige 177
Sahniges Orangeneis am Stiel 194
Salted Caramel Cookies 31
Salted Caramel Eis 187
Salzige Sahnetoffees 177
Sauce von karamellisierter weißer Schokolade 213
Saucen 203–213
Schneebesen 13
Schnelle Mousse au Chocolat 122
Schokokuchen aus der Tasse 80
Schokolade 16
Bruchschokolade marmoriert 115
Himbeeren mit Schokofüllung 120
Kandierte Schoko-Orangenschalen 180
Kleine Schoko-Karamell-Brezeln 173
Mousse au Chocolat ohne Ei und Sahne 121
Schmelzen 16
Schnelle Mousse au Chocolat 122
Schoko-Eisglasur 208
Schoko-Erdbeeren 119
Schoko-Mandel-Knusperriegel 56
Schokoladige Peanut Butter Cups 112
Schokoterrine 125
Schwarzwälder-Kirsch-Fudge 170
Schweinsohren 101
Trüffelpralinen mit Haselnüssen 129
Siehe auch Schokolade, weiße; Nuss-Nougat-Creme; Kakaopulver
Schokolade, weiße
Bruchschokolade marmoriert 115
Karamellisieren 17
Mit weißer Schokolade überbackene Beeren 146
Sauce von karamellisierter weißer Schokolade 213
Schoko-Erdbeeren 119
Trüffelpralinen aus karamellisierter weißer Schokolade 126
Weihnachtskonfekt mit Pistazien und Cranberrys 116
Weißer Schoko-Cheesecake 79
Weißes Schokoladeneis am Stiel mit Himbeeren 201
Siehe auch Schokolade
Schokosauce, Mom's 207
Schokoschlagsahne 205
Schokotropfen 16–17, 23
Schnelle Mousse au Chocolat 122
Schoko-Mandel-Knusperriegel 56
Schwarzwälder-Kirsch-Fudge 170
Schwarzwälder-Kirsch-Fudge 170
Schweinsohren 101
Self-Rising Flour *siehe* Mehl mit Backpulver und Salz
Sesam-Honig-Krokant 178
Shortbread, einfaches 34
Sorbet: Mango-Sorbet 192
Sponge Toffee 174

T

Tarte: Karamell-Apfel-Tartes 107
Tassenkuchen 80–82
Teig (als Zutat)
Kirsch-Mandel-Törtchen 109
Mini-Baklavas 103
Zimtschnecken 37
Siehe auch Blätterteig; Filoteig; Wan-Tan
Teigschaber 13
Tiefkühlen
Eier 15
Zitrusschalen/Zitrussaft 17
Toffee
Salzige Sahnetoffees 177
Sponge Toffee 174
Siehe auch Sahnetoffees (als Zutat)
Toffee-Happen Chicago Mix 52
Toppings 203–213
Törtchen
Kirsch-Mandel-Törtchen 109
Limettentörtchen mit Ingwerboden 161
Trockenfrüchte
Eccles Cakes 106
Früchteriegel 140
Haferflocken-Rosinen-Cookies 44
Irischer Früchtekuchen 71
Schwarzwälder-Kirsch-Fudge 170
Weihnachtskonfekt mit Pistazien und Cranberrys 116
Trüffelpralinen aus karamellisierter weißer Schokolade 126
Trüffelpralinen mit Haselnüssen 129

V

Vanilleeis184
Vanillezucker 22
Balsamico-Erdbeeren aus dem Ofen 136

Crème brûlée 158
Eiskaffee am Stiel 195
Himbeer-Fool 155
Pfirsich-Fruchteis 188
Sahniges Orangeneis am Stiel 194
Veganes Kokoseis am Stiel 197

W

Wan-Tan-Kekse, Zitronige 49
Weiche Kokosmakronen 41
Weihnachtskonfekt mit Pistazien und Cranberrys 116
Weiße Schokolade *siehe* Schokolade, weiße
Weißer Schoko-Cheesecake 79
Weißes Schokoladeneis am Stiel mit Himbeeren 201
Whoopie Pies mit Eiscreme 38
Windräder: Erdbeer-Windräder 93

Z

Zimtschnecken 37
Zimtzucker 20
Flambierte Ananas 135
Knusprige Apfelringe 139
Zimtschnecken 37
Zitrone
Erdbeer-Fruchtleder 132
Zitruszucker 21
Zitronen-Ingwer-Parfaits 75
Zitronentöpfchen 144
Zitronige Wan-Tan-Kekse 49
Zitrusfrüchte 16
Siehe auch Zitruszucker; einzelne Zitrusfrüchte
Zitrus-Mandel-Kuchen 68
Zitruszucker 21
Eccles Cakes 106
Himbeersauce 211
Italienische Mandelmakronen 33
Mandarinen-Muffins 86
Zitronige Wan-Tan-Kekse 49
Zitrus-Mandel-Kuchen 68
Zubehör 11–13, 23, 24
Zucker 14
Baisers 46
Einfaches Shortbread 34
Gestürzter Ananaskuchen 72
Kandierte Schoko-Orangenschalen 180
Mom's Schokosauce 207
Nusskrokant 179
Peanut Butter Cookies 28
Rum-Butter-Sauce 210
Salzige Sahnetoffees 177
Schokokuchen aus der Tasse 80
Sesam-Honig-Krokant 178
Sponge Toffee 174
Vanillezucker 22
Zimtzucker 20
Zitruszucker 21
Siehe auch Rohrzucker, brauner
Zutaten 14–17
Abmessen 12, 23, 24